Astrid Wilmot-Günther

380 Kurztests
die wirklich helfen

Deutsch 5/6

Klett Lerntraining

Bibliografische Information der Deutschen Bibliothek
Die Deutsche Bibliothek verzeichnet diese Publikation in der Deutschen Nationalbibliografie; detaillierte bibliografische Daten sind im Internet über http://dnb.ddb.de abrufbar.

Auflage 4. 3. 2. 1. | 2015 2014 2013 2012
Die letzten Zahlen bezeichnen jeweils die Auflage und das Jahr des Druckes.
Dieses Werk folgt der neuesten Rechtschreibung und Zeichensetzung. Ausnahmen bilden Texte, bei denen künstlerische, philologische oder lizenzrechtliche oder andere Gründe einer Änderung entgegenstehen.

www.klett.de/lernhilfen
Produktsteuerung und Redaktion: Sandra Meyer
Satz: Klaus Bauer, Bondorf
Druck: Medienhaus Plump, Rheinbreitbach
Printed in Germany.
ISBN: 978-3-12-927248-0

9 783129 272480

Hallo liebe Schülerin, hallo lieber Schüler!

In diesem Buch findest du 380 Kurztests, mit denen du in Deutsch jeden Tag ein bisschen besser werden kannst. Es bringt viel mehr, täglich in kleinen Portionen zu lernen, als kurz vor Klassenarbeiten oder Tests in einer Hauruck-Aktion.

Wieso 380 Kurztests?
Weil ein Schuljahr in der Regel 190 Schultage hat und in diesem Buch die wichtigsten Themen aus 2 Schuljahren zusammengestellt sind. Wenn du also an jedem Schultag einen Kurztest löst, kannst du ohne Stress besser werden.

Nimm dir täglich 10–15 Minuten Zeit!
Wenn du jeden Tag einen Kurztest machst, wird dir das wirklich helfen. Such dir eine Grammatikübung oder ein Diktat zu einem Thema aus, das dich am meisten interessiert oder das du gerade in der Schule durchnimmst. Nimm dir dann für das Lösen ca. 10 bis 15 Minuten Zeit.

So gehst du mit diesem Buch um:
1. Im Inhaltsverzeichnis sind **alle wichtigen Themen des 5. und 6. Schuljahrs** übersichtlich aufgelistet. Im Buch selbst findest du die Themen immer in den farbigen Balken am oberen Seitenrand.
2. Alle Kurztests sind in 3 Schwierigkeitsstufen eingeteilt. An den 3 Sternen erkennst du, ob ein Kurztest leicht ★☆☆, mittelschwierig ★★☆ oder schwierig ★★★ ist.
3. Anhand der **ausführlichen Lösungen** kannst du überprüfen, ob du alles richtig gemacht hast. Die Lösungen zu jedem Kurztest stehen auf dem Kopf unten auf jeder Seite.
4. **Tipps** (wie z. B. bei Kurztest 305) helfen dir bei besonders kniffligen Aufgaben auf die Sprünge.
5. Dieses Buch ist so aufgebaut, dass du dir einzelne Kurztests zu bestimmten Themen aussuchen kannst. Du musst das Buch nicht von vorne nach hinten durcharbeiten.

Die Klett Lerntraining-Redaktion wünscht dir viel Erfolg!

1 ★☆☆ Vor dem Diktat

Beim Diktat darfst du natürlich nicht abschreiben, aber vorher ist es eine gute Übung. Schreibe folgende Wörter richtig ab.

somit, Konzentration, Brotlaib, Ananas, Paket, hinzukommen, Kuckuck, abschreiben, Reise, leer, Katze, reif, Boot, stören, herausfinden, räumen, Rechenaufgabe, toll, Katastrophe, Ofen, Aal, Riese, mies, Ruß, Freude, Keule, Räuber

2 ★★☆ Sina, schau hin!

(a) Sina wollte mit der ersten Übung ganz besonders schnell fertig werden. Es ist jedoch nichts Gutes dabei herausgekommen. Decke den Kurztest 1 mit einem Blatt ab und unterstreiche alle Fehler, die Sina gemacht hat.

somitt, Kontzentration, Brotleib, Annanas, Packet, hin zukommen, Kukuk, abschraiben, Reiße, lehr, Kattze, raif, Boht, stöhren, heraus finden, reumen, Rächenaufgabe, tol, Katastrofe, Oofen, Ahl, Riehse, mis, Ruhs, Fräude, Käule, Reuber

(b) Schreibe nun alle Wörter, die Sina falsch geschrieben hat, richtig auf die Linien. Lass den Kurztest 1 dabei abgedeckt.

2 (a) somitt, Kontzentration, Brotleib, Annanas, Packet, hin zukommen, Kukuk, abschraiben, Reiße, lehr, Kattze, raif, Boht, stöhren, heraus finden, reumen, Rächenaufgabe, tol, Katastrofe, Oofen, Ahl, Riehse, mis, Ruhs, Fräude, Käule, Reuber

3 ★☆☆ Wer mit wem?

Kreuze in jeder Zeile die Wörter an, die miteinander verwandt sind.

a) Buch ○	Bücherregal ○	Pizza ○
b) Wette ○	gehen ○	wetten ○
c) rufen ○	spielen ○	Spielzeug ○
d) halten ○	Anhalter ○	stoppen ○
e) hoffen ○	Hoffnung ○	reisen ○
f) kalt ○	Kälte ○	Sommer ○
g) Riese ○	groß ○	riesig ○
h) erst ○	früh ○	Frühe ○
i) essen ○	speisen ○	Speise ○
j) Musik ○	laut ○	musikalisch ○

4 ★★☆ Ein Zuschauer schaut, ein Schauspieler spielt

Es gibt zwei Tricks, um sich die Schreibweise besonders schwieriger Wörter besser merken zu können.
1. Schreibe die kniffligen Wörter mehrmals ab.
2. Suche die Verwandten dieser Wörter.
Wende jetzt den zweiten Trick an und suche zu den folgenden Wörtern jeweils zwei weitere Verwandte.

Haus, schreiben, konzentrieren, sicher

Gehäuse, Hausbau

3 a) Buch, Bücherregal; **b)** Wette, wetten; **c)** spielen, Spielzeug; **d)** halten, Anhalter; **e)** hoffen, Hoffnung; **f)** kalt, Kälte; **g)** Riese, riesig; **h)** früh, Frühe; **i)** speisen, Speise; **j)** Musik, musikalisch
4 schreiben: z. B. Schreiber, Schreibmaschine; **konzentrieren**: z. B. Konzentration, Konzentrationsschwierigkeiten; **sicher**: z. B. sichergehen, Sicherheit

5 ★☆☆ Folgerichtig

Ob ein Wort mit *äu* oder mit *eu* geschrieben wird, hängt ganz davon ab, ob das verwandte Wort mit *au* oder *eu* geschrieben wird. Setze *äu* und *au* in die Lücken ein.

a) B______m → B______me

b) Tr______m → Tr______me

c) L______f → L______fe

d) H______s → H______ser

e) R______m → r______men

6 ★★☆ Was ist anders in Kleinhausen?

In Kleinhausen ist alles viel kleiner als in Größingen. Darum gibt es auch keine Häuser, sondern nur Häuschen. Ergänze die Tabelle.

Größingen	Kleinhausen
Wald	Wäldchen
Hand	
Wand	
Rad	
Laden	
Kasten	
Bank	
Schrank	

5 a) Baum – Bäume; **b)** Traum – Träume; **c)** Lauf – Läufe; **d)** Haus – Häuser; **e)** Raum – räumen
6 Wäldchen, Händchen, Wändchen, Rädchen, Lädchen, Kästchen, Bänkchen, Schränkchen

7 ★★☆ Einmal nach Kleinhausen, bitte!

Und wie heißen diese Dinge in Größingen?

Größingen	Kleinhausen
	Häschen
	Mäuschen
	Häuschen
	Läuschen

8 ★★★ Noch mehr Verwandtschaft

Wenn du nicht genau weißt, wie ein Wort geschrieben wird, kann auch hier der „Verwandtschaftstest" helfen. So wird z. B. ein Wort, das einen Verwandten mit *a* hat, mit *ä* und nicht mit *e* geschrieben.
Finde bei den folgenden Wörtern ein verwandtes Wort, das dir weiterhilft. Schreibe zuerst das verwandte Wort auf und kreuze dann die richtige Schreibweise an.

a) treumen	○	träumen	○	______
b) händeringend	○	henderingend	○	______
c) Steuer	○	Stäuer	○	______
d) Käufer	○	Keufer	○	______
e) besteuben	○	bestäuben	○	______
f) Pfefferstreuer	○	Pfeffersträuer	○	______
g) kräftig	○	kreftig	○	______
h) Feulnis	○	Fäulnis	○	______
i) bleulich	○	bläulich	○	______
j) Faigheit	○	Feigheit	○	______

7 Hase, Maus, Haus, Laus
8 a) Traum – träumen; **b)** Hand – händeringend; **c)** steuern – Steuer; **d)** kaufen – Käufer; **e)** Staub – bestäuben;
f) streuen – Pfefferstreuer; **g)** Kraft – kräftig; **h)** faul – Fäulnis; **i)** blau – bläulich; **j)** feige – Feigheit

9 ★☆☆ Wörter verlängern

Wenn du nicht sicher bist, ob ein Wort mit *t* oder *d*, mit *g* oder *k* oder mit *b* oder *p* am Ende geschrieben wird, dann hilft es oft, das Wort zu verlängern. Wenn man das verlängerte Wort spricht, hört man meistens ganz deutlich, auf welchen Buchstaben das Wort endet.
Bei den folgenden Wörtern fehlt der letzte Buchstabe. Verlängere zunächst das Wort, sprich es laut aus und setze dann den richtigen Buchstaben ein.

a) *Wälder* ______ Wal*d*   b) ______ kal___

c) ______ Hel___   d) ______ Tei___

e) ______ Ste___   f) ______ Ta___

g) ______ Lo___   h) ______ Kor___

i) ______ Tan___   j) ______ Hal___

k) ______ San___   l) ______ Wan___

10 ★★★ Verwandtschaft suchen oder verlängern?

Prüfe zunächst mit einer Wortverwandtschaft oder einer Wortverlängerung, mit welchen Buchstaben die Lücken gefüllt werden müssen. Schreibe dein „Helferwort“ unten auf. Setze anschließend die fehlenden Buchstaben in den Text ein.

In der Schule haben wir heute Märchen gelesen. Anschließend sollten wir pro Gruppe ein **(a)** Plaka___ für die **(b)** W___nde im Klassenzimmer gestalten. Darauf sollte jeweils ein Märchen zu sehen sein. Viele sind leider nicht **(c)** ferti___ geworden, sodass die Mauern immer noch etwas **(d)** kal___ wirken. Aber morgen ist auch noch ein **(e)** Ta___, an dem wir an unserem Wandschmuck arbeiten können.

(a) ______   **(b)** ______

(c) ______   **(d)** ______

(e) ______

9 a) Wald – Wälder; **b)** kalt – Kälte; **c)** Held – Helden; **d)** Teig – teigig; **e)** Steg – Stege; **f)** Tag – Tage; **g)** Lob – lobenswert; **h)** Korb – Körbe; **i)** Tank – tanken; **j)** Halt – halten; **k)** Sand – sandig; **l)** Wand – Wände

10 (a) t – Plakate; **(b)** d – Wand; **(c)** g – fertigen; **(d)** t – kälter; **(e)** g – Tage

11 ★☆☆ Toms Problem

Manchmal hilft es, sich ein Wort silbenweise vorzusagen. Tom kennt diesen Trick auch. Er ist allerdings etwas ungeschickt, wenn es darum geht, die einzelnen Silben eines Wortes zu erkennen. Hilf Tom und unterstreiche alle falsch zerlegten Wörter.

Heuernte, Waldlehrpfad, Kontoauszüge, Füllfederhalter, Rotkehlchen, Luftschloss, außergewöhnlich, Fabrikarbeiter, unbedingt, Sommerurlaub, Flugzeugreparatur, Silbentrennung, Märchenstunde, Geburtstagsfest, Wettstreit, Besonderheit, hier, Lampenfieber

a) Heu – ern – te
b) Wa – ld – lehr – pfad
c) Ko – nto – aus – züge
d) Füll – feder – hal – ter
e) R – ot – kehlchen
f) Luft – schloss
g) au – ßer – ge – wöhn – lich
h) Fa – brik – ar –bei – ter
i) un – be – dingt
j) So – mmer – ur –laub
k) Flu – gzeug – reparatur
l) We – tt – streit
m) Sil – ben – tren – nung
n) Mär – chen – stun – de
o) h – ier
p) Geburtstags – fest
q) Be – son – der – heit
r) Lam – pen – fie – ber

12 ★★☆ Hilfe für Tom

Hilf Tom noch einmal und trenne die Wörter richtig, die im Kurztest 11 falsch waren.

11 b) Waldlehrpfad, **c)** Kontoauszüge, **d)** Füllfederhalter, **e)** Rotkehlchen, **j)** Sommerurlaub, **k)** Flugzeugreparatur, **l)** Wettstreit, **o)** hier, **p)** Geburtstagsfest

12 Wald – lehr – pfad, Kon – to – aus – zü – ge, Füll – fe – der – hal – ter, Rot – kehl – chen, Som – mer – ur – laub, Flug – zeug – re – pa – ra – tur, Ge – burts – tags – fest, Wett – streit, hier

13 ★☆☆ Wörter zerlegen

Zerlege die folgenden Wörter in ihre Bestandteile.

a) Kopfbedeckung **b)** Feldarbeit **c)** Kinobesuch **d)** Tischdecke
e) Feuerreiter **f)** Sauerstoffflasche **g)** Schifffahrt **h)** Schuhhandel
i) Kaugummi **j)** Suppenkelle **k)** Kammmacher **l)** Bleistift

a) *Kopf + bedeckung* **b)** ____________

c) ____________ **d)** ____________

e) ____________ **f)** ____________

g) ____________ **h)** ____________

i) ____________ **j)** ____________

k) ____________ **l)** ____________

14 ★☆☆ Viele unnötige Hinweise

Entscheide, ob die Tipps zur Rechtschreibung richtig oder falsch sind.

a) Man kann die Wörter fragen, wie sie geschrieben werden.

richtig ○ falsch ○

b) Man sollte raten.

richtig ○ falsch ○

c) Man kann verwandte Wörter suchen.

richtig ○ falsch ○

d) Man zerlegt die Wörter in Silben oder in ihre Bestandteile.

richtig ○ falsch ○

e) Man schaut den Wetterbericht.

richtig ○ falsch ○

13 b) Feld + arbeit; **c)** Kino + besuch; **d)** Tisch + decke; **e)** Feuer + reiter; **f)** Sauerstoff + flasche; **g)** Schiff + fahrt; **h)** Schuh + handel; **i)** Kau + gummi; **j)** Suppen + kelle; **k)** Kamm + macher; **l)** Blei + stift
14 Nur die Behauptungen **c)** und **d)** sind richtig.

15 ★☆☆ Zur Erinnerung

Es gibt mehrere Strategien, um Rechtschreibfehler zu vermeiden. Lies dir die folgenden Strategien durch. Schreibe sie ab und versuche dann, sie auswendig aufzusagen. So wirst du sie dir bestimmt merken.

a) Man kann die Wörter richtig abschreiben.

____

b) Man kann die Wörter in ihre Bestandteile zerlegen. (Sauerstoff + flasche)

____

c) Man kann die Wörter verlängern. (Hand – Hände)

____

d) Man kann die Wörter in ihre Silben zerlegen. (Fül – ler)

____

16 ★★☆ Welche Probe ist die richtige?

Die folgenden Wörter sind schwierig, aber man kann mit der richtigen Rechtschreibprobe herausfinden, wie sie geschrieben werden. Entscheide dich für die richtige Rechtschreibprobe. Unterstreiche dann das richtig geschriebene Wort. (Tipp: Bei manchen Wörtern kann man zwei Rechtschreibproben anwenden.)

Wald / Walt: *verlängern (Wälder)*

a) Wärme/Werme: ______________________________

b) halbherzig/halberzig: ______________________________

c) Munt/Mund: ______________________________

d) Computerraum/Computeraum: ______________________________

16 a) verwandtes Wort finden (warm) → Wärme; **b)** Silbentrennung/in Bestandteile zerlegen (halb – her – zig/ halb + herzig) → halbherzig; **c)** verlängern (Münder) → Mund; **d)** in Bestandteile zerlegen (Computer + raum) → Computerraum

17 ★☆☆ Der Dackel Anton reißt aus

Anton, der Dackel, geht gerne auf eigene Faust los. Umkreise die Vokale in den unterstrichenen Wörtern.

Anton ist Lindas Hund. Eigentlich ist er das treueste Haustier, das man sich nur wünschen kann, aber wenn Linda nicht genug Zeit für Anton hat, macht er sich ganz alleine auf die Socken … äh Pfoten. Neulich lief er ganz alleine am Flussufer entlang und bellte die Schiffe an, die vorbeifuhren. Auf den lustigen Hund aufmerksam geworden, rief ein Kapitän die Hafenpolizei, die sich um das herrenlose Tier kümmern sollte. Zum Glück trug Anton ein Halsband, auf dem stand, wem er gehört und wo er wohnt. Linda, die Anton schon überall gesucht hat, war erleichtert, als sie die Polizisten mit ihrem geliebten Tier sah. Seitdem verbringt Linda viel mehr Zeit mit Anton.

18 ★☆☆ Mathematik für Einsteiger

Zähle die Vokale in den folgenden Wörtern und schreibe ihre Anzahl auf.

a) Hustenlutschpastillen ______

b) Kakteentopfuntersetzer ______

c) Wunderradiergummi ______

d) Suchspielanleitung ______

e) Motorbootführerschein ______

f) Dachrinnenhalteklammer ______

g) Fußrückenbedecktuch ______

h) Uhunestbaukunst ______

i) Schuhsohlenbürste ______

j) Kuhstalleingangstür ______

17 Linda, man, aber, Zeit, bellte, vorbeifuhren, aufmerksam, zum, Halsband, wo, erleichtert, ihrem, Anton

18 a) sechs; **b)** acht; **c)** sieben; **d)** sieben; **e)** acht; **f)** sieben; **g)** sechs; **h)** sechs; **i)** fünf; **j)** sechs

19 ★★☆ Kurz gesprochen

Entscheide, ob die unterstrichenen Vokale kurz gesprochen werden.

a) Fuß ja ○ nein ○

b) Nuss ja ○ nein ○

c) Rast ja ○ nein ○

d) Kohle ja ○ nein ○

e) Regen ja ○ nein ○

f) Last ja ○ nein ○

g) Kind ja ○ nein ○

h) Fest ja ○ nein ○

i) Ruhe ja ○ nein ○

j) Blut ja ○ nein ○

k) Hast ja ○ nein ○

20 ★★☆ Wörter bilden

Ordne den folgenden Buchstabensalat zu Wörtern mit einem kurzen Vokal.

a) sMit ______________

b) ngRi ______________

c) ttBla ______________

d) ttMae ______________

e) ssRi ______________

f) ssaKe ______________

g) Lssoa ______________

19 a) nein; **b)** ja; **c)** ja; **d)** nein; **e)** nein; **f)** ja; **g)** ja; **h)** ja; **i)** nein; **j)** nein; **k)** ja

20 a) Mist; **b)** Ring; **c)** Blatt; **d)** Matte; **e)** Riss; **f)** Kasse; **g)** Lasso

21 ★☆☆ Zwei Konsonanten im Gefolge

Ein kurzer Vokal ist wie ein König. In den allermeisten Fällen folgen ihm nämlich mindestens zwei Konsonanten wie Diener. Unterstreiche die Konsonanten, die auf den kurzen Vokal folgen.

blass, Rast, Kasten, Katze, Petze, putzen, müssen, wissen, Matte, Kutte, Rippe,

schnuppe, Pappe, Kappe, verpesten, tasten, fast, Mist, Wasser

22 ★★☆ Da fehlt doch was!

Ergänze die fehlenden Vokale.

a) Kerstin spielt gerne H___ndball.

b) Uwe k___cht am liebsten für seine g___nze Familie.

c) Anna liebt tiefrote S___nnen___ntergänge.

d) Paul schaukelt ___mmer mit seinem Stuhl.

e) Hanna w___ll endlich ohne Eltern in Urlaub.

f) Joh___nna k___nn mit den Ohren wackeln.

g) Sina w___nscht sich einen Hamster.

h) Rolf bes___tzt einen Hamster.

i) Walter k___mmt meistens zu spät.

j) Lars m___chte B___cker werden.

k) Verena k___nn rückwärts spr___chen.

l) Ole schreit sich ___ft heiser.

m) Rudolf m___cht Spaß.

n) Conni weiß mehr als ___lle anderen.

21 blass, Rast, Kasten, Katze, Petze, putzen, müssen, wissen, Matte, Kutte, Rippe, schnuppe, Pappe, Kappe, verpesten, tasten, fast, Mist, Wasser
22 a) Handball; **b)** kocht, ganze; **c)** Sonnenuntergänge; **d)** immer; **e)** will; **f)** Johanna, kann; **g)** wünscht; **h)** besitzt; **i)** kommt; **j)** möchte, Bäcker; **k)** kann, sprechen; **l)** oft; **m)** macht; **n)** alle

23 ★★☆ Was ist es?

Wie lautet das gesuchte Wort?

Es sieht aus wie eine große Maus, aber es ist eine *Ratte*.

a) Eine Suppe kocht man in einem ____________________.

b) Die Mäuse im Keller fängt eine ____________________.

c) Wenn alles dreckig ist, muss man ____________________.

d) Wenn es sehr heiß ist, muss man ____________________.

e) Wenn man etwas lustig findet, muss man ____________________.

f) Ganz unten im Haus ist der ____________________.

g) Nach dem Morgen kommt der ____________________.

h) Wasser ist ____________________.

i) Ein männliches Schaf heißt ____________________.

24 ★☆☆ Bitte mit Senf

Lass dir den Text von deinen Eltern, deinen Geschwistern oder deinen Freunden diktieren.

In der Ballstraße in einem kleinen Kaff steht eine Frittenbude. Dort bekommt man nicht nur goldgelbe Fritten, sondern auch die beste Bratwurst der ganzen Stadt. Anna und ihre Freundinnen essen dort einmal im Monat eine Wurst. Dabei haben alle eine besondere Vorliebe. Anna mag die Wurst nur geschnitten, ihre Freundin Edda isst sie ohne Curry und Lilli nimmt immer Senf dazu.

23 a) Topf; **b)** Katze; **c)** putzen; **d)** schwitzen; **e)** lachen; **f)** Keller; **g)** Mittag; **h)** nass; **i)** Widder

25 ★☆☆ Lang gesprochen

Entscheide, ob der Stammvokal des Wortes kurz oder lang ist.

a) Hut — kurz ○ lang ○

b) Hütte — kurz ○ lang ○

c) Mitte — kurz ○ lang ○

d) Lied — kurz ○ lang ○

e) Sieb — kurz ○ lang ○

f) Butter — kurz ○ lang ○

g) Kuss — kurz ○ lang ○

h) Fuß — kurz ○ lang ○

i) Mutter — kurz ○ lang ○

26 ★☆☆ Was stimmt hier eigentlich noch?

Streiche alle falschen Aussagen.

(a) Nach langen Vokalen stehen meistens zwei Konsonanten.

(b) Nach langen Vokalen kann ein Dehnungs-h stehen.

(c) Nach langen Vokalen gibt es immer Regen.

(d) Ein langes i wird oft als ie geschrieben.

(e) Ein Doppelvokal wird lang gesprochen.

(f) Ein Doppelvokal wird gar nicht gesprochen.

(g) Vokale werden nur von müden Menschen lang gesprochen.

(h) Lange Vokale sind alle Vokale, die größer als zwei Zentimeter sind.

25 a) lang; **b)** kurz; **c)** kurz; **d)** lang; **e)** lang; **f)** kurz; **g)** kurz; **h)** lang; **i)** kurz
26 Die Aussagen **(a)**, **(c)**, **(f)**, **(g)**, **(h)** sind falsch.

27 ★★☆ L**be Fr**da

Ergänze den i-Laut.

L______be Fr______da,

______ch freue m______ch, dass du uns bald besuchen w______rst. W______r könnten dann w______ ______m letzten Jahr draußen sp______len, da das Wetter wunderschön ist.

D______ses Jahr blüht der Fl______der ganz besonders prächtig und er duftet w______ s______ben Flaschen Parfum. Mein großer Bruder ist auch n______cht mehr so f______s w______ im letzten Jahr, da er jetzt glücklich verl______bt ist. Wir haben jetzt auch einen w______nzigen Hund. In einigen Jahren wird er allerdings r______sig sein.

V______le Grüße an deine Fam______l______.

Deine Petra

28 ★★☆ Wortfinder

Gesucht wird ein Wort mit langem i.

a) Ein Ding, das eine Arbeit ausführt ist eine ______________________.

b) Vögel können ______________________.

c) Die Anzahl der Zwerge lautet ______________________.

d) Das Gegenteil von Krieg ist ______________________.

e) Eine Raubkatze mit Streifen ist ein ______________________.

f) Katzen sind keine Menschen, sondern ______________________.

g) Ein sehr großer Mensch ist ein ______________.

h) Bretter unter den Füßen nennt man ______________________.

27 Liebe Frieda; Ich; mich; wirst; Wir; wie im; spielen; Dieses; Flieder; wie sieben; nicht; fies wie; verliebt; winzigen; riesig; Viele; Familie

28 a) Maschine; **b)** fliegen; **c)** sieben; **d)** Frieden; **e)** Tiger; **f)** Tiere; **g)** Riese; **h)** Skier

29 ★★☆ Doppelt hält besser!

Bilde Sätze mit den folgenden Wörtern.

Boot/Meer (fahren)

____

Fee/Himbeere (zaubern)

____

Speer/Klee (landen)

____

Teekanne/leer (sein)

____

30 ★★★ Krank sein

Ergänze die fehlenden Buchstaben.

(a) Paul hat F______ber. Seit er mit seinen Freunden im Schnee gesp______lt hat und

(b) i______m Sch______l und Mütze f______lten, muss er ständig n______sen. N______n

(c) l______gt er schon v______le Tage im Bett und f______lt sich m______s. Zum Glück

(d) besucht i______n Harald jeden Mittag nach der Schule. Dann sp______len s______

(e) gemeinsam ein Kartensp______l, bis Harald w______der nach Hause muss.

(f) In sp______testens drei Tagen wird Paul w______der nach draußen können.

29 Das Boot fährt auf dem Meer. Die Fee zaubert eine Himbeere. Der Speer landet im Klee. Die Teekanne ist leer.
30 (a) Fieber, gespielt; **(b)** ihm, Schal, fehlten, niesen, Nun; **(c)** liegt, viele, fühlt, mies; **(d)** ihn, spielen, sie; **(e)** Kartenspiel, wieder; **(f)** spätestens, wieder

31 ★★☆ Wie wird das Wort gedehnt?

Ordne die Wörter nach der Art ihrer Dehnung in die Tabelle ein.

Biest, schieben, Tiger, Fliege, Moor, Tor, Kuh, Stuhl, Tafel, Hieb, Kiesel, mies, riesig, Stiefel, Hose, leer, Leere, Lehre, kehren, Zoo, Hafen, Mief, Dieb, Kohle, Ähre, sehr, mehr, Mut, Aas, Aal, Teer, rieseln, Wiese, tief, Kiefer, Waage, See, während, Meer

kein Dehnungs-buchstabe	-ie	-h	Doppelvokal

32 ★★★ Die Miesmuschel

Lass dir den Text von Freunden, Eltern oder von deinen Geschwistern diktieren.

Im tiefen Ozean lebte einst eine Muschel. Ihr fehlte es an nichts, doch sie war ständig schlecht gelaunt. Mal sahen sie die Fische zu lange an, dann erspähte sie ein schiefes Riff. Ständig spielte sie die Beleidigte und schniefte, um zu zeigen, dass sie beleidigt war. Die anderen Meeresbewohner machten sich deswegen über sie lustig. Von allen Tieren der tiefen See wurde sie bald nur noch „die Miesmuschel" genannt.

31 kein Dehnungsbuchstabe: Tiger, Tor, Tafel, Hose, Hafen, Mut
-ie: Biest, schieben, Fliege, Hieb, Kiesel, mies, riesig, Stiefel, Mief, Dieb, rieseln, Wiese, tief, Kiefer
-h: Kuh, Stuhl, Lehre, kehren, Kohle, Ähre, sehr, mehr, während
Doppelvokal: Moor, leer, Leere, Zoo, Aas, Aal, Teer, Waage, See, Meer

33 ★★☆ Was ist lang?

Wie viele lange Vokale haben die folgenden Wörter?

a) Wohlstand ______

b) Lüge ______

c) Pfingstmontag ______

d) Schuh ______

e) Kuchen ______

f) Wasserdampf ______

g) Ruß ______

h) Bundesstraße ______

i) Küche ______

34 ★★☆ Was ist kurz?

Wie viele kurze Vokale haben die folgenden Wörter?

a) Riss ______

b) Los ______

c) Stoßdämpfer ______

d) Mittelmaß ______

e) Hüpfburg ______

f) Suppenschüssel ______

g) Sahneschnitte ______

h) Tuch ______

i) Grünkohl ______

33 a) einen (Wohlstand); **b)** einen (Lüge); **c)** zwei (Pfingstmontag); **d)** einen (Schuh); **e)** einen (Kuchen); **f)** keinen; **g)** einen (Ruß); **h)** einen (Bundesstraße); **i)** keinen

34 a) einen (Riss); **b)** keinen; **c)** zwei (Stoßdämpfer); **d)** zwei (Mittelmaß); **e)** zwei (Hüpfburg); **f)** vier (Suppenschüssel); **g)** drei (Sahneschnitte); **h)** keinen; **i)** keinen

35 ★★☆ Vokalchaos

(1) Entscheide, ob die folgende Schreibweise richtig oder falsch ist.

a) Tiger richtig ○ falsch ○

b) Loos richtig ○ falsch ○

c) Stir richtig ○ falsch ○

d) Loob richtig ○ falsch ○

e) Rohse richtig ○ falsch ○

(2) Fülle die Lücken aus.

Zum Geburtstag gibt es immer einen K______chen.

Wenn man die Zeit wissen möchte, schaut man auf die ______r.

Bienen können sehr laut s______mmen.

Ein Floh kann sehr weit h______pfen.

Zerbrich dir nicht den K______pf!

36 ★★★ Schnell- und Langsamsprecher

Ordne die folgenden Wörter nach der Länge ihres Stammvokals in die Tabelle ein.

Kur, Kasse, Blut, Vieh, Boot, Ratte, Loch, Bitte, Pute, Grund, fahren, stur, Rat

langer Stammvokal	kurzer Stammvokal

35 (1) a) richtig; **b)** falsch (das Los); **c)** falsch (der Stier); **d)** falsch (das Lob); **e)** falsch (die Rose)
(2) Kuchen; Uhr; summen; hüpfen; Kopf
36 langer Vokal: Kur, Blut, Vieh, Boot, Pute, fahren, stur, Rat
kurzer Stammvokal: Kasse, Ratte, Loch, Bitte, Grund

37 ★☆☆ Die verschiedenen s-Laute

Ordne die Wörter nach ihren s-Lauten in die Tabelle ein.

Kiste, Kuss, Gruß, husten, müssen, Fuß, Kasten, Hast, hassen, lassen, gießen, Liste, Pass, Rast, Kissen, List, Last, Wasser, schießen, lesen, Biest, Mist, Wiese, Riese

Wörter mit s	Wörter mit ss	Wörter mit ß

38 ★★☆ Hier zählt deine Stimme!

s-Laute kann man in stimmhafte und stimmlose Laute einteilen. Bei den stimmhaften Lauten kann man ein Zittern fühlen, wenn man die Hand auf den Hals legt. Entscheide, ob der s-Laut in den folgenden Wörtern stimmhaft oder stimmlos ist.

a) rasseln stimmhaft ○ stimmlos ○

b) Rose stimmhaft ○ stimmlos ○

c) Riss stimmhaft ○ stimmlos ○

d) Riese stimmhaft ○ stimmlos ○

e) Kasse stimmhaft ○ stimmlos ○

f) Reise stimmhaft ○ stimmlos ○

g) leise stimmhaft ○ stimmlos ○

37 Wörter mit s: Kiste, husten, Kasten, Hast, Liste, Rast, List, Last, lesen, Biest, Mist, Wiese, Riese
Wörter mit ss: Kuss, müssen, hassen, lassen, Pass, Kissen, Wasser
Wörter mit ß: Gruß, Fuß, gießen, schießen

38 Ein stimmhaftes s haben die Wörter **b)** Rose, **d)** Riese, **f)** Reise und **g)** leise. Ein stimmloses s kommt in den Wörtern **a)** rasseln, **c)** Riss und **e)** Kasse vor.

39 ★☆☆ Schlange stehen

Nach einem kurzen Vokal kann *ss* oder *s* stehen. Ergänze hier den Doppelkonsonanten.

„La______ das und fa______ jetzt bitte nichts mehr an", mahnt der Vater Julia beim Schlangestehen an der Ka______e. „Ich will aber wi______en, was ich für einen Lolli zahlen mu______", qua______elt die kleine Julia weiter. „Und außerdem darfst du den Ka______enbon für Mama nicht verge______en. Die schimpft sonst wieder, da______ man sich auf dich nicht verla______en kann!" „Du bist eine kleine Nervensäge. Ich möchte wirklich mal wi______en, von wem du das hast", sagt Papa.

40 ★★☆ Sing das „s"!

Jetzt geht es um Wörter mit einem langen Vokal, bei denen man am Ende ein stimmloses *s* hört. (z. B. *Gras*) Denn es ist schwierig herauszufinden, ob das Wort mit einfachem *s* oder *ß* geschrieben wird.
Aber es gibt einen Trick, der dir hilft! Wenn du das Wort verlängerst und du ein stimmhaftes *s* hörst, dann wird das Wort mit einfachem *s* geschrieben. (z. B. *Gräser*)

Verlängere die folgenden Wörter.

Gras	*Gräser*
Vers	__________
lies	__________
Preis	__________
Kreis	__________

39 „La**ss** das und fa**ss** jetzt bitte nichts mehr an", mahnt der Vater Julia beim Schlangestehen an der Ka**ss**e. „Ich will aber wi**ss**en, was ich für einen Lolli zahlen mu**ss**", qua**ss**elt die kleine Julia weiter. „Und außerdem darfst du den Ka**ss**enbon für Mama nicht verge**ss**en. Die schimpft sonst wieder, da**ss** man sich auf dich nicht verla**ss**en kann!" „Du bist eine kleine Nervensäge. Ich möchte wirklich mal wi**ss**en, von wem du das hast", sagt Papa.

40 Verse, lesen, Preise, Kreise

41 ★☆☆ Ganz ohne Stimme

Wie im Kurztest 40 geht es auch jetzt um Wörter mit einem langen Vokal, bei denen man am Ende ein stimmloses *s* hört.
Allerdings sind es nun Wörter, bei denen das Abschluss-s auch dann stimmlos bleibt, wenn man das Wort verlängert (z. B. Fuß → Füße). In diesen Fällen wird das Wort mit *ß* geschrieben.

Setze in die Lücken *ß* ein.

Lisa hat sich am **(a)** Grie____pudding die Zunge verbrannt und kann noch nicht wieder richtig sprechen. Ihr Gesicht war wirklich zum **(b)** Schie____en, obwohl es nicht nett ist, jemanden mit Spott zu **(c)** übergie____en. Lisa trat mir dann mit Absicht auf den rechten **(d)** Fu____ und lispelte: „Damit du **(e)** wei____, wie das ist!“

42 ★★☆ s, ss, ß?

Unterstreiche die richtige Schreibweise.

a) husten, hussten, hußten

b) Reise, Reisse, Reiße

c) Fleis, Fleiss, Fleiß

d) Meise, Meisse, Meiße

e) Kase, Kasse, Kaße

f) Rast, Rasst, Raßt

g) Gras, Grass, Graß

h) grüsen, grüssen, grüßen

i) küsen, küssen, küssen

j) Kaiser, Kaisser, Kaißer

k) lesen, lessen, leßen

l) giesen, giessen, gießen

m) grasen, grassen, graßen

n) Ris, Riss, Riß

41 (a) Grießpudding (Verlängerung: grießig); **(b)** Schießen (Verlängerung von z. B. Schieß!); **(c)** übergießen (Verlängerung von z. B. Gieß!); **(d)** Fuß (Verlängerung: Füße); **(e)** weißt (Verlängerung: wissen); Tipp: nach **ei** steht bei einem stimmlosen **s** immer **ß**!

42 a) husten; **b)** Reise; **c)** Fleiß; **d)** Meise; **e)** Kasse; **f)** Rast; **g)** Gras; **h)** grüßen; **i)** küssen; **j)** Kaiser; **k)** lesen; **l)** gießen; **m)** grasen; **n)** Riss

43 ★★★ Im Tierheim

Entscheide, welcher s-Laut in die Lücken gehört.

Zum Geburtstag haben mir meine Eltern einen Hund **(a)** ver____prochen. Heute fahren wir ins Tierheim, um einen Hund auszusuchen. Ich möchte am liebsten einen ganz **(b)** gro____en Hund, weil man mit solch einem Hund gut **(c)** drau______en toben kann. Man **(d)** mu______ auch nicht so sehr **(e)** aufpa______en, wo er steckt, da man ihn gut sehen kann. Weil **(f)** da______ Tierheim ganz in der Nähe ist, können wir zu **(g)** Fu______ gehen. Das ist **(h)** be______onders schön für den Hund, für den der Rückweg zugleich ein Spaziergang ist. Ich freue mich schon, meinen neuen Spielgefährten meinen Freunden am Mittag **(i)** vorzu______tellen. Aber jetzt **(j)** mü______en wir ganz schnell die **(k)** Stra______e entlang zum Tierheim.

44 ★★★ Das oder dass?

Setze *das* oder *dass* in die Lücken ein.

a) Ich möchte __________ Buch aus dem Regal.

b) Ich glaube, __________ es heute noch regnen wird.

c) Ich möchte ein Land entdecken, __________ noch völlig unbekannt ist.

d) Ich freue mich, __________ heute Besuch kommt.

e) Ich kann __________ nicht leiden.

f) Möchtest du __________ wirklich probieren?

g) Glaubst du, __________ wir den Bus noch rechtzeitig erreichen?

h) Kannst du mir ein Buch empfehlen, __________ ich noch nicht gelesen habe?

i) __________ macht Spaß.

43 (a) versprochen; **(b)** großen; **(c)** draußen; **(d)** muss; **(e)** aufpassen; **(f)** das; **(g)** Fuß; **(h)** besonders; **(i)** vorzustellen; **(j)** müssen; **(k)** Straße

44 a) das; **b)** dass; **c)** das; **d)** dass; **e)** das; **f)** das; **g)** dass; **h)** das; **i)** Das

45 ★☆☆ Die Hexe brät Lachs (x, chs, ck, gs)

Ergänze die fehlenden Buchstaben.

a) Die He______e brät La______s.

b) Sie ha______t zunä______st viele Gewürze klein.

c) Bei der Zubereitung hält sie sich an den Te______t des Kochbuchs.

d) Darum mi______t die He______e auch die richtigen Zutaten zusammen.

e) Wenn sie ein Wort nicht kennt, schaut sie in einem Le______ikon nach.

f) Der Hund, der sonst immer Fa______en macht, gibt heute keinen Mu______s von sich.

g) Ma______, der Luchs, schaut auch interessiert zu.

h) Nach einiger Zeit we______selt die He______e die Schürze.

i) Sie hat sich nämlich mit Wa______s bekle______ert.

j) Erst hat sie sich erschre______t, dann hat sie aber fi______ gemerkt, dass es nur

k) Wa______s ist.

l) Nach vielen Stunden ist der La______s endlich zubereitet.

m) Der Fu______s klopft an die Tür und möchte auch etwas haben.

n) Flu______s schneidet die He______e dem Fu______s ein Stü______ La______s ab.

o) Le______er!

46 ★★☆ Max fährt Taxi

Lass dir den Text von deinen Eltern, Freunden oder Geschwistern diktieren.

Max fährt in den Ferien zu seinen Großeltern nach Buxtehude. Er fährt morgens mit dem Zug los und kommt nach vier Stunden am Bahnhof an. Vor Langeweile hat er den ganzen Text einer Zeitung im Zug gelesen. Die Großeltern können ihn leider nicht abholen. Darum soll er mit einem Taxi fahren. Fix geht Max zum Taxistand. Er nennt seine Adresse und die Taxifahrerin fährt auch schon flugs los. Das war alles ein Klacks für Max.

45 a) Hexe, Lachs; **b)** hackt zunächst; **c)** Text; **d)** mixt, Hexe; **e)** Lexikon; **f)** Faxen, Mucks; **g)** Max; **h)** wechselt, Hexe; **i)** Wachs, bekleckert; **j)** erschreckt, fix; **k)** Wachs; **l)** Lachs; **m)** Fuchs; **n)** flugs, Hexe, Fuchs, Stück, Lachs; **o)** Lecker

47 ★★☆ Fehlerfinder (x, chs, ck)

Finde die Fehler in jedem Satz und schreibe den Satz richtig auf.

a) Die Kerze aus Wax wächst nicht.

____

b) Das Wetter ist heute weckselhaft.

____

c) Tina hat sich mit Farbe beklext.

____

d) Kerstins Vater fährt Taksi.

____

48 ★★☆ Die Steinschleuder (sch, sp, st)

Ordne die unterstrichenen Wörter in die Tabelle ein.

Johannes steht auf Steinschleudern. Er findet es schön, wenn ein Gegenstand mithilfe einfachster Mittel auf eine hohe Geschwindigkeit beschleunigt werden kann. Darum baut er am Nachmittag oder an schulfreien Tagen eine Schleuder nach der anderen und schießt damit Steine die Straße entlang. Normalerweise ist Johannes schon sehr vorsichtig, aber heute ist einfach nicht sein Tag. Er spannt die Schleuder, legt den Stein ein, schießt und der Stein fliegt durch ein Fenster. Tausend Scherben liegen nun auf der Straße. Heute hat er beim Spielen kein Glück.

sch	s

47 a) Die Kerze aus Wa**chs** wächst nicht. **b)** Das Wetter ist heute we**chs**elhaft. **c)** Tina hat sich mit Farbe bekle**ck**st. **d)** Kerstins Vater fährt Ta**x**i.
48 sch: schön, beschleunigt, schulfreien, schießt, Schleuder, Scherben
s: Gegenstand, Steine, spannt, Straße, Spielen (Tipp: Wenn ein **p** oder ein **t** folgt, wird das **s** wie **sch** gesprochen.)

49 ★★☆ Niedlich oder eklig? (-lich, -ig)

Entscheide, ob das Wort durch die Ergänzung von *-lich* oder *-ig* zu einem neuen Adjektiv wird.

a) Freund	lich ○	ig ○
b) Blut	lich ○	ig ○
c) Frieden	lich ○	ig ○
d) klein	lich ○	ig ○
e) Biest	lich ○	ig ○
f) Sand	lich ○	ig ○
g) kurz	lich ○	ig ○
h) König	lich ○	ig ○
i) Gold	lich ○	ig ○
j) süß	lich ○	ig ○
k) lieb	lich ○	ig ○
l) Geiz	lich ○	ig ○
m) grün	lich ○	ig ○
n) Lob	lich ○	ig ○
o) Stein	lich ○	ig ○
p) Grund	lich ○	ig ○

50 ★★☆ Die Verwandlung der Wörter (-lich, -ig)

Welches (andere) Adjektiv kann man mit *-lich* oder *-ig* aus den Wörtern machen?

a) gruseln ______________________

b) Kauf ______________________

c) Mut ______________________

d) Teig ______________________

e) Zug ______________________

f) dumm ______________________

g) kleben ______________________

h) Gewicht ______________________

i) Schmutz ______________________

49 a) freundlich; **b)** blutig; **c)** friedlich; **d)** kleinlich; **e)** biestig; **f)** sandig; **g)** kürzlich; **h)** königlich; **i)** goldig; **j)** süßlich; **k)** lieblich; **l)** geizig; **m)** grünlich; **n)** löblich; **o)** steinig; **p)** gründlich
50 a) gruselig; **b)** käuflich; **c)** mutig; **d)** teigig; **e)** zugig; **f)** dümmlich; **g)** klebrig; **h)** gewichtig; **i)** schmutzig

51 ★☆☆ Ein wichtiger Auftrag (-ig, -lich) I

Ergänze die Endungen.

(a) Detektiv Jones ist schon seit Jahren im Geschäft. Eines sonn________en Morgens

(b) aber bekam er es mit dem schwier________sten Fall seines bisher langweil________en

(c) Lebens zu tun. Eine aufgeregte Frau stand in der alten, häss________en Tür und

(d) stammelte aufgeregt etwas von Schlägen, die töd________ gewesen sein mussten.

(e) Glück________erweise gab es schon drei Tatverdächtige. Ein kleiner,

(f) zuverläss________er Hafenarbeiter, eine weiner________e, zierliche Sekretärin und ein

(g) großer, starker Berufsboxer mit reich________ vielen Flüchen im Wortschatz.

Als Jones zum Tatort kam, stellte er fest, dass der Täter eine Leiter benutzt hatte, um

(h) dem Opfer kräft________ auf den Hinterkopf zu schlagen. Außerdem fand man ein

Seil, wie es zum Vertäuen der Schiffe verwendet wird.

52 ★★☆ Löse den Fall! II

Verwende die folgenden Wörter, um Detektiv Jones zu erklären, was passiert ist.

Hafenarbeiter schuldig/Boxer unschuldig/Täter benutzt Leiter/Boxer sehr groß, braucht keine Leiter/Sekretärin unschuldig/keine Fingerabdrücke auf Tau/Hafenarbeiter übrig

____

____

____

____

____

____

51 (a) sonnigen; **(b)** schwierigsten, langweiligen; **(c)** hässlichen; **(d)** tödlich; **(e)** Glücklicherweise; **(f)** zuverlässiger, weinerliche; **(g)** reichlich; **(h)** kräftig

52 So könnte deine Lösung aussehen: Der Hafenarbeiter ist schuldig. Der Boxer ist unschuldig, da der Täter eine Leiter benutzt hat und der Boxer sehr groß ist. Der Boxer ist so groß, dass er keine Leiter braucht. Die Sekretärin ist auch unschuldig, da auf dem Tau keine Fingerabdrücke von ihr sind. Der Hafenarbeiter bleibt als Täter übrig.

53 ★★☆ Geheimniskrämerei (sp, st, sch)

Ergänze das gesuchte Wort.

a) Wenn man etwas nicht ernsthaft tut, ist es ein ______________.

b) Hunde holen gerne das geworfene ______________.

c) Man sieht sich selbst in einem ______________.

d) Du gehst fast jeden Morgen zur ______________.

e) Ein dünnes, langes Gemüse heißt ______________.

f) Jemand mit viel Kraft ist sehr ______________.

g) Eine männliche Kuh ist ein ______________.

h) Ein Schulfach, in dem man sich bewegt, heißt ______________.

i) Ein anderes Wort für Spaß ist ______________.

54 ★☆☆ D oder t?

Entscheide, ob die Wörter mit *d* oder *t* geschrieben werden. Wenn du es nicht genau weißt, wende die Verlängerungsprobe an.

a) wil___ d ○ t ○

b) Hu___ d ○ t ○

c) Bar___ d ○ t ○

d) Kar___e d ○ t ○

e) Scha___en d ○ t ○

f) Mu___ d ○ t ○

g) Ra___schlag d ○ t ○

h) bin___en d ○ t ○

i) Ba___ d ○ t ○

j) Lei___ d ○ t ○

k) kal___ d ○ t ○

l) Gel___ d ○ t ○

m) Bu___e d ○ t ○

n) Han___ d ○ t ○

o) Fahrra___ d ○ t ○

p) bie___en d ○ t ○

53 a) Spiel; **b)** Stöckchen; **c)** Spiegel; **d)** Schule; **e)** Spargel; **f)** stark; **g)** Stier; **h)** Sport; **i)** Scherz
54 a) wild; **b)** Hut; **c)** Bart; **d)** Karte; **e)** Schaden; **f)** Mut; **g)** Ratschlag; **h)** binden; **i)** Bad; **j)** Leid; **k)** kalt; **l)** Geld; **m)** Bude; **n)** Hand; **o)** Fahrrad; **p)** bieten

55 ★☆☆ Der Flug der Vögel (f oder v?)

Ergänze die Lücken im Text.

(a) Noch be___or es ___riert, ___liegen die ___ögel in den Süden.

(b) Während ihres ___lugs kann man beobachten, dass sie in einer bestimmten

(c) ___ormation fliegen. ___orne ___liegen meistens wenige Tiere ___oran

(d) und der Rest des Schwarms fliegt v-___örmig hinterher.

(e) Dann fliegen sie über ___elder und ___lüsse bis nach A___rika.

56 ★★☆ Fridolin Fehlerteufel

Fridolin hasst Diktate. Das ist auch kein Wunder, denn Fridolin macht viele Fehler.
Finde die Fehler und schreibe den Text einmal richtig auf.

Die zerbrochene Fase
Mutter hat eine vertwolle Fase. Die stammt noch aus der Zeit ihres Urgroßfaters, der sie wiederum von seinem Fetter zum Geburtstag geschenkt bekommen hat. An einem Fomittag war Folker unforsichtig und stieß an die Fase, sodass sie zerbrach und in fiele, kleine Scherben zerviel. So ein Pech!

55 (a) bevor, friert, fliegen, Vögel; **(b)** Flugs; **(c)** Formation, Vorne, fliegen, voran; **(d)** v-förmig; **(e)** Felder, Flüsse, Afrika

56 Die zerbrochene **V**ase
Mutter hat eine **w**ert**v**olle **V**ase. Die stammt noch aus der Zeit ihres Urgroß**v**aters, der sie wiederum von seinem **V**etter zum Geburtstag geschenkt bekommen hat. An einem **V**ormittag war **V**olker un**v**orsichtig und stieß an die **V**ase, sodass sie zerbrach und in **v**iele, kleine Scherben zer**f**iel. So ein Pech!

57 ★☆☆ Was stimmt?

Entscheide, ob die Aussagen richtig oder falsch sind.

a) Nach einem Punkt beginnt ein neuer Satz.

richtig ○ falsch ○

b) Nach einem Komma beginnt ein neuer Satz.

richtig ○ falsch ○

c) Satzanfänge schreibt man groß.

richtig ○ falsch ○

d) Satzanfänge schreibt man schön.

richtig ○ falsch ○

e) Nur Nomen schreibt man bei Satzanfängen groß.

richtig ○ falsch ○

58 ★★☆ ... Anfang verloren gegangen!

Ergänze den Satzanfang mit dem Wort in Klammern.

a) ________________ hat Freude am Basketballspielen. (Caroline)

b) ________________ mag Mannschaftssportarten. (sie)

c) ________________ liest gerne. (Harald)

d) ________________ gutes Buch ist für ihn das Größte. (ein)

e) ________________ baut Modellautos. (Erik)

f) ________________ stellt er sich dann ins Regal. (diese)

g) ________________ hat drei Fische, einen Hamster und eine Katze. (Pia)

h) ________________ mag Tiere. (sie)

57 Nur die Aussagen **a)** und **c)** sind richtig.

58 Alle Satzanfänge müssen großgeschrieben werden.

59 ★☆☆ Ganz groß anfangen

In dem folgenden Text sind einige Fehler enthalten. Unterstreiche die Fehler.

Heute geht Tom mit seiner Familie in den Park spazieren. dort kann man allerlei beobachten, Wenn man nur richtig hinschaut. Da sieht man Kinder, die mit ihren Eltern spielen. hunde werden von ihren Besitzern An der Leine geführt. bei schönem Wetter ist im Park richtig viel los. Heute regnet es aber und es Ist langweilig. tom geht mit seiner Familie schon bald wieder nach Hause.

60 ★★☆ Mach es besser!

Schreibe die Geschichte ab und verbessere dabei die Fehler.

59 Heute geht Tom mit seiner Familie in den Park spazieren. dort kann man allerlei beobachten, Wenn man nur richtig hinschaut. Da sieht man Kinder, die mit ihren Eltern spielen. hunde werden von ihren Besitzern An der Leine geführt. bei schönem Wetter ist im Park richtig viel los. Heute regnet es aber und es Ist langweilig. tom geht mit seiner Familie bald wieder nach Hause.

60 Heute geht Tom mit seiner Familie in den Park spazieren. Dort kann man allerlei beobachten, wenn man nur richtig hinschaut. Da sieht man Kinder, die mit ihren Eltern spielen. Hunde werden von ihren Besitzern an der Leine geführt. Bei schönem Wetter ist im Park richtig viel los. Heute regnet es aber und es ist langweilig. Tom geht mit seiner Familie bald wieder nach Hause.

61 ★☆☆ Typisch Nomen

Nomen haben oft typische Endungen. Finde sie heraus.

Heiterkeit, Ärgernis, Freundlichkeit, Verwandtschaft, Geheimnis, Wagnis, Endung, Fertigung, Freundschaft, Ehrlichkeit, Mannschaft, Richtung

Nomenendungen sind: ______________, ______________,

______________, ______________.

62 ★☆☆ Mach mal wieder Ordnung!

Ordne die Nomen aus dem Kurztest 61 nach ihren Endungen in die Tabelle ein. Trage zuerst die Endungen in den Kopf der Tabelle ein.

63 ★☆☆ Aufgepasst!

Unterstreiche die Nomenendungen aus den zwei vorhergehenden Übungen im Text.

Die Freude ist groß, als Jana und Ida erfahren, dass die Wanderung am Fluss entlang nach Frankreich gehen soll. Janas und Idas Freundschaft besteht schon seit langem und sie waren schon oft gemeinsam auf Wanderschaft, aber in Richtung Frankreich waren sie noch nie unterwegs. Sofort fangen sie an, Pläne zu schmieden und machen aus ihrer Vorfreude kein Geheimnis. Morgen soll es losgehen und Jana und Ida können vor Aufregung kaum schlafen.

61 -keit, -nis, -schaft, -ung

62 **-keit:** Heiterkeit, Freundlichkeit, Ehrlichkeit; **-nis:** Ärgernis, Geheimnis, Wagnis; **-schaft:** Verwandtschaft, Freundschaft, Mannschaft; **-ung:** Endung, Fertigung, Richtung

63 Wanderung, Freundschaft, Wanderschaft, Richtung, Geheimnis, Aufregung

64 ★★☆ Noch mehr Endungen

Nomen enden nicht nur wie in den vorangehenden Übungen. Es gibt noch andere Nomenkennzeichen. Lies dir die Sätze aufmerksam durch und schreibe auf die Linie, welche typischen Nomenendungen du noch entdeckt hast.

Der Bäcker im Dorf stellt das beste Brot her.

Im Zoo kümmert sich der Tierpfleger um die Tiere.

Gesundheit ist wichtiger als Macht.

Deine Unverfrorenheit geht mir wirklich zu weit.

Gestern Nacht ist bei unseren Nachbarn ein Einbrecher durchs Fenster gekommen.

---

65 ★★☆ Wörter finden mit Entschlossenheit und Eifer

Finde auf diese Endungen nun selbst so viele Wörter wie möglich.

-heit	-er

64 -er und **-heit** sind weitere typische Nomenendungen.
65 So könnte deine Lösung aussehen: Sicherheit, Frechheit, Besonderheit, Feigheit, Wahrheit, Entschlossenheit; Lehrer, Wunder, Bauer, Becher, Mader, Tiger …

66 ★☆☆ Sie können mich mal!

Die höfliche Anrede wird immer großgeschrieben. *Du* kann klein oder großgeschrieben werden. Unterstreiche alle Anredepronomen.

Sehr geehrter Herr Soundso,

wie ich Ihrem letzten Schreiben entnehmen konnte, sind Sie mit meiner Arbeit als Mitarbeiter im Außendienst nicht zufrieden. Ich möchte Ihnen hiermit mitteilen, dass ich mich stets bemüht habe, Ihren Anforderungen gerecht zu werden. Leider waren alle Anstrengungen umsonst, da Sie offenbar immer noch nicht zufrieden sind.

Mit freundlichen Grüßen,

Ihr Mitarbeiter Derunder

67 ★☆☆ Das kannst du dir nicht vorstellen!

Mitarbeiter Derunder schreibt an seinen Freund Sowieso.
Unterstreiche alle Anredepronomen.

Lieber Sowieso,

du kannst dir nicht vorstellen, was mir letzte Woche passiert ist. Du weißt ja, dass mein Boss, der Soundso, mit meiner Arbeit nicht zufrieden war. Vielleicht kannst du dir ja schon denken, was jetzt kommt. Der Soundso hat nicht gemerkt, dass ich mich so richtig ins Zeug gelegt habe und hat mich gefeuert.

Liebe Grüße,

dein Derunder

66 Sehr geehrter Herr Soundso, wie ich Ihrem letzten Schreiben entnehmen konnte, sind Sie mit meiner Arbeit als Mitarbeiter im Außendienst nicht zufrieden. Ich möchte Ihnen hiermit mitteilen, dass ich mich stets bemüht habe, Ihren Anforderungen gerecht zu werden. Leider waren alle Anstrengungen umsonst, da Sie offenbar immer noch nicht zufrieden sind. Mit freundlichen Grüßen, Ihr Mitarbeiter Derunder

67 Lieber Sowieso, du kannst dir nicht vorstellen, was mir letzte Woche passiert ist. Du weißt ja, dass mein Boss, der Soundso, mit meiner Arbeit nicht zufrieden war. Vielleicht kannst du dir ja schon denken, was jetzt kommt. Der Soundso hat nicht gemerkt, dass ich mich so richtig ins Zeug gelegt habe und hat mich gefeuert. Liebe Grüße, dein Derunder

68 ★★☆ Sehr geehrte Frau Schmitt

Schreibe einen höflichen Brief an Frau Schmitt von der lokalen Zeitung und erkläre ihr, warum du mit ihrem Artikel „Es gibt keine Umweltverschmutzung" nicht einverstanden bist.

69 ★★☆ Tütensuppe

Lass dir den Text von jemandem diktieren.

Füllen Sie den Topf mit einem halben Liter Wasser. Bringen Sie dieses Wasser zum Kochen. Öffnen Sie nun die Tüte mit dem Pulver und geben Sie den Inhalt unter ständigem Umrühren in das Wasser. Achten Sie darauf, dass das Pulver im Wasser keine Klumpen bildet. Lassen Sie nun die Suppe bei schwacher Hitze fünf bis sieben Minuten kochen und servieren Sie die Suppe Ihren Gästen sofort. Lassen auch Sie sich Ihre Suppe schmecken.

70 ★☆☆ Der Welpendieb

Nomen kann man an einem vorangehenden Artikel erkennen. Untersteiche alle Artikel, die vor einem Nomen stehen.

Seit einiger Zeit treibt ein fieser Welpendieb in der Stadt sein Unwesen. Er steigt nachts in die Häuser ein und stiehlt die jungen Hunde. Die Hunde verkauft er dann für viel Geld an Menschen, die sich schon lange ein kleines Hündchen wünschen.

Zum Glück ist der Dieb mittlerweile hinter Schloss und Riegel und kann den kleinen Hunden nichts mehr anhaben. Eine mutige Frau aus der Nachbarschaft hat gesehen, wie der Dieb in ein Haus eingestiegen ist. Sie hat das Fenster von außen verrammelt, sodass es für den Übeltäter kein Entkommen mehr gab.

Gut gemacht! Das Zuschauen alleine hat noch nie geholfen.

71 ★☆☆ So geht es auch

Ein Kennzeichen für ein Nomen kann auch ein vorangehendes Pronomen (Possessivpronomen, Demonstrativpronomen, Indefinitpronomen) sein. Ist das hier der Fall?

a) Tanja füttert ihren Hund. ja ○ nein ○

b) Karl verschenkt diesen Fußball. ja ○ nein ○

c) Susanne glaubt nicht, dass es heute regnet. ja ○ nein ○

d) Henning sucht seine Socken. ja ○ nein ○

e) Jenny hat etwas Heimweh. ja ○ nein ○

f) Jack betreut seine Oma. ja ○ nein ○

70 Seit einiger Zeit treibt ein fieser Welpendieb in der Stadt sein Unwesen. Er steigt nachts in die Häuser ein und stiehlt die jungen Hunde. Die Hunde verkauft er dann für viel Geld an Menschen, die sich schon lange ein kleines Hündchen wünschen. Zum Glück ist der Dieb mittlerweile hinter Schloss und Riegel und kann den kleinen Hunden nichts mehr anhaben. Eine mutige Frau aus der Nachbarschaft hat gesehen, wie der Dieb in ein Haus eingestiegen ist. Sie hat das Fenster von außen verrammelt, sodass es für den Übeltäter kein Entkommen mehr gab. Gut gemacht! Das Zuschauen alleine hat noch nie geholfen.

71 a) ja (ihren); **b)** ja (diesen); **c)** nein; **d)** ja (seine); **e)** ja (etwas); **f)** ja (seine)

72 ★☆☆ Das schöne Fest

Einem Nomen geht häufig ein Adjektiv voran. Denk dir für jeden Satz ein passendes Adjektiv aus.

a) Das ist ein ______________________ Auto.

b) Paula sieht einen ______________________ Baum.

c) Heute ist ______________________ Wetter.

73 ★★☆ Im Klassenzimmer ist die Hölle los!

Einem Nomen geht häufig eine Präposition oder ein Zahlwort voran. Ordne diese Nomensignale aus dem Text in die Tabelle ein. (Tipp: Manchmal ist eine Präposition mit einem Artikel verschmolzen; z. B. im = in dem.)

Im Klassenzimmer ist die Hölle los. Franziska hängt an der Tafel, Klaus sitzt im Papierkorb und drei Schüler haben sich unter dem Pult versteckt. Verena hat ihre Schultasche aus dem Fenster gehalten und dabei sind die Sachen auf den Schulhof gefallen. Ihr Matheheft wird sie wahrscheinlich nie mehr finden. Lustig ist es aber schon.

Artikel	Pronomen	Präposition	Zahlwort
		im Klassenzimmer	

74 ★★☆ Nudelgericht

Lass dir den Text von jemandem diktieren.

Echte italienische Nudeln gelingen nur selten. Bringe in einem Topf drei Liter Wasser zum Kochen, gib ein bisschen Salz in den Topf und gib anschließend die Nudeln in den Topf. Die Kochzeit ist von Nudel zu Nudel unterschiedlich.

72 a) z. B. großes, schönes, amerikanisches; **b)** z. B. großen, starken, mächtigen; **c)** z. B. schönes, stürmisches, schlechtes

73 Artikel: die Hölle, der Tafel, dem Pult, dem Fenster, die Sachen, den Schulhof; **Pronomen:** ihre Schultasche, ihr Matheheft; **Präposition:** an der Tafel, im Papierkorb, unter dem Pult, aus dem Fenster, auf den Schulhof; **Zahlwort:** drei Schüler

75 ★☆☆ Ich war mal ein Adjektiv

Wurde das Nomen aus einem Adjektiv gebildet?

a) Im Freien steht ein Haus. ja ○ nein ○

b) Das Laufen macht mir Spaß. ja ○ nein ○

c) Das Schloss steht auf einem Berg. ja ○ nein ○

d) Darin wohnt der König. ja ○ nein ○

e) Er rät ins Blaue hinein. ja ○ nein ○

f) Wir machen nichts Schlimmes. ja ○ nein ○

g) Sie mögen das Schwimmen. ja ○ nein ○

h) Er fürchtet Schlimmes. ja ○ nein ○

76 ★☆☆ Ich war mal ein Verb

Wurde das Nomen aus einem Verb gebildet?

a) Das Kleine finde ich schön. ja ○ nein ○

b) Das Halten macht mir Mühe. ja ○ nein ○

c) Er träumte vom Fliegen. ja ○ nein ○

d) Sie träumte nichts Gutes. ja ○ nein ○

e) Wir hoffen das Beste. ja ○ nein ○

f) Sie weiß nichts Neues. ja ○ nein ○

g) Ihm fällt das Lesen schwer. ja ○ nein ○

h) Wir gehen heute zum Schwimmen. ja ○ nein ○

75 a) ja; **b)** nein; **c)** nein; **d)** nein; **e)** ja; **f)** ja; **g)** nein; **h)** ja
76 a) nein; **b)** ja; **c)** ja; **d)** nein; **e)** nein; **f)** nein; **g)** ja; **h)** ja

77 ★★☆ Unsere Klassenfahrt

Finde alle Nomen, die ursprünglich Adjektive oder Verben waren, und trage sie in die Tabelle ein.

Kurz vorm Aufbrechen zu der Jugendherberge in den Alpen erwartete uns etwas Seltsames. Maren ahnte schon nichts Gutes, als Tom beim Aufschließen der Tür der Schlüssel abbrach. Toms Fluchen war unüberhörbar und Maren schwor die Klasse darauf ein, dass sicherlich etwas Schlimmes passieren würde. Und tatsächlich! Als Tom die Tür mit viel Drehen und Ziehen endlich auf hatte, sahen wir das Schreckliche. Unsere Sachen waren verschwunden.

Verb	Adjektiv

78 ★★☆ Rolle Strecksprung

Ergänze die Lücken mit der Nominalisierung des Wortes, das in Klammern steht.

Die Rolle ist nichts **(a)** ______________________ (schwierig). Allein das schnelle **(b)** ________________ (anlaufen) braucht etwas Mut. Mit Schwung erfolgt dann das **(c)** ______________ (drehen). Das **(d)** ________________ (springen) ergibt sich dann ganz von allein. Wenn man es einmal kann, fällt anschließend das **(e)** ________________ (aufhören) schwer.

77 Verben: Aufbrechen, Aufschließen, Fluchen, Drehen, Ziehen;
Adjektive: Seltsames, Gutes, Schlimmes, Schreckliche
78 (a) Schwieriges, **(b)** Anlaufen, **(c)** Drehen, **(d)** Springen, **(e)** Aufhören

79 ★★★ Mach was draus!

Verwandle die Wörter in Nomen und denke dir für jedes Nomen einen Satz aus.

laufen, groß, grün, husten, schnell, lieb, backen, schenken, fallen, klebrig

80 ★★★ Eintopf mit Würstchen

Lass dir den Text von jemandem diktieren.

Etwas ganz besonders Leckeres ist der Eintopf meiner Oma. Das Kleinschneiden der Zutaten ist natürlich etwas mühsam, dafür schmeckt das Gericht aber besonders gut. Zuerst muss man sich mit dem Schneiden der Kartoffeln abmühen. Danach geht es dem anderen Gemüse an den Kragen. Das Schlimmste ist das Zerkleinern der Zwiebeln. Das Heulen hört dann fast nicht mehr auf. Alles kommt in einen Topf und dazu gibt man einige Würstchen. Das Schneiden in Scheiben ist natürlich schon erledigt.

79 So könnte deine Lösung aussehen: Das Laufen macht Spaß. Ich wünsche mir etwas Großes zum Geburtstag. Zieh bitte etwas Grünes an! Das Husten schmerzt. Etwas Schnelles schoss an meinem Auge vorbei. So etwas Liebes hat noch niemand zu mir gesagt. Das Backen zu Weihnachten macht Spaß. Das Schenken macht auch Spaß. Vor dem Fallen hat er Angst. Etwas Klebriges ist auf meinem Pullover.

81 ★☆☆ Es gibt viel zu tun

Hans und Doris denken sich Tätigkeiten aus, bei denen man zwei Dinge gleichzeitig tut, d. h. man braucht zwei Verben, wie z. B. in *schwimmen gehen*. Diese Verbindungen werden normalerweise getrennt geschrieben. Kreuze an, ob die Schreibweise richtig oder falsch ist.

a) laufenlernen

richtig ○ falsch ○

b) suchen gehen

richtig ○ falsch ○

c) fliegen lassen

richtig ○ falsch ○

d) arbeitenkommen

richtig ○ falsch ○

82 ★★☆ Der Angriff der Fehlerteufel

Hans schreibt abends in sein Tagebuch, was er heute mit Doris erlebt hat. Dabei haben sich einige Fehler eingeschlichen. Schreibe den Text ab und verbessere die Fehler.

Liebes Tagebuch,
Doris und ich haben heute richtig viel erlebendürfen. Zuerst waren wir auf einer großen Wiese und haben dort Drachen steigenlassen. Danach wollten wir auf den großen Spielplatz spielengehen, aber Doris' Brille ist verlorengegangen. Nachdem uns drei andere Kinder suchenhalfen, haben wir sie endlich gefunden.

81 a) falsch; **b)** richtig; **c)** richtig; **d)** falsch

82 Doris und ich haben heute richtig viel erleben dürfen. Zuerst waren wir auf einer großen Wiese und haben dort Drachen steigen lassen. Danach wollten wir auf den großen Spielplatz spielen gehen, aber Doris' Brille ist verloren gegangen (oder: verlorengegangen). Nachdem uns drei andere Kinder suchen halfen, haben wir sie endlich gefunden.

83 ★☆☆ Tiere in der Wildnis

Onkel A. Ngeber war heute bei Hans und Doris zu Besuch und berichtete von seiner letzten Safari. Schau dir die Sätze genau an und unterstreiche alle Fehler. Denke daran, dass auch Verbindungen aus Nomen und Verb normalerweise getrennt geschrieben werden.

a) „Viele Touristen beobachten die wilden Tiere, während sie Autofahren.

b) Das habe ich gar nicht nötig, denn ich kann mich selbst den größten und gefährlichsten Tieren in den Weg stellen.

c) Einmal wollte mich ein Löwe, der König der Tiere, fressen, doch ich konnte ihm gerade rechtzeitig noch das Maulstopfen.

d) Der Löwe brüllte, riss schon das Maul auf, sodass man die gigantischen Reißzähne sehen konnte, während ich noch einen Stocksuchen war.

e) Als ich endlich einen gefunden hatte, warf ich ihm den Stock ins Maul, er drehte sich und der Löwe konnte sein Maul nicht mehr schließen.

f) Wenn heute Touristen eine Safarimachen und den Löwen mit dem aufgerissenen Maul sehen, rufen sie: ‚Leg dich niemals mit Onkel A. Ngeber an!'"

84 ★★☆ Was hast du im letzten Urlaub erlebt?

Bilde mit den vorgegebenen Wörtern Sätze, die von deinem letzten Urlaub handeln.

Fahrrad fahren, Fußball spielen, Fotos schießen

____

____

____

____

____

83 a) Auto fahren; **c)** Maul stopfen; **d)** Stock suchen; **f)** Safari machen
84 So könnte deine Lösung aussehen: Wir waren regelmäßig Fahrrad fahren. Mit neuen Freunden habe ich Fußball gespielt. Meine Eltern wollten viele Fotos schießen.

85 ★☆☆ Die Nachtwanderung

Pia macht mit der Jugendgruppe des Sportvereins eine Nachtwanderung. Zuhause erzählt sie ihrem Vater, was sie alles erlebt hat. Unterstreiche alle Verbindungen aus Adjektiv und Verb. Beachte, dass auch diese Verbindungen normalerweise getrennt geschrieben werden.

Wir sind ganz schön schnell gelaufen. Manche von uns sind auf dem matschigen Boden sehr unsicher gelaufen. Um die Angst zu vertreiben, haben wir alle laut geredet, sodass das Unterholz leise knacken konnte und wir es gar nicht gemerkt haben. Als wir alle dachten, dass wir uns verlaufen haben, machte die Gruppenleiterin eine riesige Taschenlampe an. Die hat richtig hell geleuchtet und wir merkten, dass wir längst an unserem Ziel angekommen waren.

86 ★☆☆ Verb und Verb, Nomen und Verb oder Adjektiv und Verb?

Ordne die folgenden Wortverbindungen in die Tabelle ein.

freundlich sein, schnell laufen, liegen bleiben, Tee trinken, Computer spielen, faul sein, spielen gehen, verloren gehen, Rad fahren

Verb und Verb	Nomen und Verb	Adjektiv und Verb

85 Wir sind ganz schön schnell gelaufen. Manche von uns sind auf dem matschigen Boden sehr unsicher gelaufen. Um die Angst zu vertreiben, haben wir alle laut geredet, sodass das Unterholz leise knacken konnte und wir es gar nicht gemerkt haben. Als wir alle dachten, dass wir uns verlaufen haben, machte die Gruppenleiterin eine riesige Taschenlampe an. Die hat richtig hell geleuchtet und wir merkten, dass wir längst an unserem Ziel angekommen waren.

86 Verb und Verb: liegen bleiben, spielen gehen, verloren gehen
Nomen und Verb: Tee trinken, Computer spielen, Rad fahren
Adjektiv und Verb: freundlich sein, schnell laufen, faul sein

87 ★★★ Wer tut was am liebsten?

Die Kinder der Klasse 6c haben alle eine Lieblingsbeschäftigung. Bilde mit den vorgegebenen Informationen Sätze. Entscheide dich für die richtige Schreibweise.

Hanna/lang schlafen oder langschlafen
Hanna möchte am liebsten lang schlafen.

a) Olga/Handball spielen oder Handballspielen

b) Peter/schwimmen gehen oder schwimmengehen

c) Anna/laut singen oder lautsingen

Was machst du gerne?

88 ★☆☆ Im Kaufhaus

Verbindungen aus Präposition oder Präfix und Verb werden zusammengeschrieben, wenn die Betonung auf der Präposition oder dem Präfix liegt. Unterstreiche die Verbindungen aus Präposition/Präfix und Verb.

a) Im Kaufhaus kann man die Menschen auf den Rolltreppen auf- und abfahren sehen.

b) In den Kabinen kann man sich umziehen, wenn man etwas anprobieren möchte.

c) Der Kaufhausdetektiv muss aufpassen, dass niemand etwas mitgehen lässt.

d) Man muss nicht unbedingt einkaufen, man kann sich alles auch in Ruhe anschauen.

e) Wenn man sich aufmerksam umsieht, kann man sehen, dass die Waren nach Warengruppen in die Regale einsortiert sind.

87 So könnte deine Lösung aussehen: **a)** Olga mag am liebsten Handball spielen. **b)** Peter möchte schwimmen gehen. **c)** Anna kann laut singen.
88 a) auf- und abfahren; **b)** umziehen, anprobieren; **c)** aufpassen, mitgehen; **d)** einkaufen, anschauen; **e)** umsieht, einsortiert

89 ★★☆ Da stimmt doch was nicht!

Sicher kennst du die guten Ratschläge, die Erwachsene oft geben, bei denen man sich aber nicht so sicher ist, ob sie überhaupt stimmen. Setze die Wörter in Klammern in der richtigen Schreibweise in die Lücken.

a) Wenn man die Augen zu sehr ______________________ (VER/DREHEN), bleiben sie irgendwann stehen.

b) Wenn man ______________________ (AUF/ESSEN), was auf dem Teller ist, wird das Wetter am nächsten Tag schön.

c) Wenn man einen Apfelkern ______________________ (VER/SCHLUCKEN), wächst nach einiger Zeit im Bauch ein Apfelbäumchen.

d) Wenn man zu lange ______________________ (FERN/SCHAUEN), bekommt man eckige Augen.

e) Wenn die Schuhe beim ______________________ (AUF-/UND AB/GEHEN) quietschen, sind sie gestohlen.

90 ★★☆ Runterfallen und so weiter

Verbindungen aus Adverb und Verb werden zusammengeschrieben, wenn die Betonung auf dem Adverb liegt. (Tipp: Bei den unten stehenden Wörtern sind die betonten Silben markiert.) Verwende die angegebenen Wörter in einem Satz.

wiederkommen, **run**terfallen, hin**ü**bergehen

____

____

____

____

____

89 a) verdreht; **b)** aufisst; **c)** verschluckt; **d)** anschaut; **e)** Auf- und Abgehen
90 So könnte deine Lösung aussehen: Ich freue mich schon darauf, wiederzukommen. Ich habe Angst, du könntest runterfallen. Dort ist eine Brücke. Wir können hinübergehen.

91 ★★☆ Das meine ich doch ganz anders!

Wenn man zwei Wörter – wie z. B. *sitzen bleiben* – zusammenschreibt, ändert sich die Bedeutung. *Sitzenbleiben* bedeutet dann *nicht versetzt werden*.

Kreuze an, in welchem Zusammenhang zusammengeschrieben wird.

a) Ich möchte heute den Unterricht blau/machen.

b) Ich möchte die Ostereier blau/machen.

c) Der Richter wird den Angeklagten frei/sprechen.

d) Bei einer Rede sollte man frei/sprechen.

e) Obwohl der Wecker klingelte, bin ich liegen/geblieben.

f) Noch so viele Dinge waren zu erledigen, aber alles ist liegen/geblieben.

92 ★★★ Einmal getrennt und einmal zusammen, bitte!

Verwende jedes Wort in zwei Sätzen, die du dir ausdenkst. Gebrauche die Wörter so, dass sie einmal getrennt und einmal zusammengeschrieben werden.

a) stehen/lassen
b) krank/feiern

91 Zusammengeschrieben wird in den Sätzen: **a), c)** und **f).**

92 So könnte deine Lösung aussehen:

a) Judith und Lea hatten sich am Vortag gestritten. Das war wohl der Grund dafür, dass Lea ihre Freundin Judith einfach auf der Party hat **stehenlassen.** Oder: Gerda hat keine Lust, den Tisch abzuräumen. Deswegen sagt ihre Mutter zu ihr, dass sie die Teller ruhig **stehen lassen** kann.

b) Leonie ist nicht zur Arbeit gekommen, weil sie krank ist. Sie muss **krankfeiern.** Oder: Tim hat Husten. Da muss er seinen Geburtstag wohl **krank feiern.**

93 ★★☆ Diktat: Ostern

Lass dir das Diktat von deinen Eltern, Geschwistern oder Freunden diktieren.

Zu Ostern bekommen wir Osterferien. Zum Glück müssen wir dann morgens nicht so früh <u>aufstehen</u>, um <u>Ostereier suchen</u> zu gehen. Die werden wir am Tag vorher mit Farbe rot, gelb und <u>blau machen</u>. Mein großer Bruder behauptet scherzhaft, dass „<u>blaumachen</u>“ nicht erlaubt ist und lacht, weil ich nicht gleich verstehe, dass er „schwänzen“ meint. Ich freue mich schon auf den Nachmittag, denn dann kann die ganze Familie endlich mal wieder <u>zusammenkommen</u>.

94 ★★★ Knielang oder Knie lang?

Auch Nomen und Adjektive werden manchmal zusammengeschrieben.

a) Entscheide, ob die folgenden Wörter zusammen- oder getrennt geschrieben werden, und schreibe sie richtig auf.

Susanne hat seit letzter Woche einen neuen Lippenstift. Ihre Lippen sind seitdem

______________________ (FEUER/ROT).

Stille. Herzklopfen. Es knarrt. ______________________________ (ANGST/ERFÜLLT) schleiche ich mich die Wendeltreppe hoch …

Das Essen schmeckt hervorragend. Das Gemüse ist frisch und knackig und das Fleisch ist

______________________________ (BUTTER/WEICH).

b) Schreibe nun die gesuchten Wörter aus a) so um, dass sie getrennt geschrieben werden.

____

____

____

94 a) Alle gesuchten Wörter werden zusammengeschrieben: feuerrot, angsterfüllt, butterweich.
b) rot wie Feuer; von Angst erfüllt; weich wie Butter

95 ★☆☆ Paul, der Besserwisser

Paul behauptet viel Falsches und viel Richtiges. Kreuze an, welche Aussagen falsch und welche Aussagen richtig sind.

a) Nomen bezeichnen Gegenstände.

richtig ○ falsch ○

b) Nomen bezeichnen Eigenschaften.

richtig ○ falsch ○

c) Nomen werden manchmal groß- und manchmal kleingeschrieben.

richtig ○ falsch ○

d) Nomen werden immer großgeschrieben.

richtig ○ falsch ○

96 ★☆☆ Durcheinander in der Familie

Wie du weißt, können Nomen in der Einzahl (Singular) und in der Mehrzahl (Plural) vorkommen. Schreibe die Personen, ihrer Anzahl entsprechend, auf die richtige Linie.

Wer ist Birtes Mutter?
Birtes Bruder heißt Stefan. Stefans Tante heißt Linda. Linda hat zwei Brüder, Carsten und Volker. Beide Brüder haben Ehefrauen. Carstens Frau heißt Verena, Volkers Frau heißt Katrin. Nur Carsten hat Kinder. Sein ältestes Kind heißt Stefan. Wer ist Birtes Mutter?

Singular: ______________________________

____

Plural: ______________________________

____

95 a) richtig; **b)** falsch; **c)** falsch; **d)** richtig
96 Singular: Birte, Mutter, Bruder, Stefan, Tante, Linda, Carsten, Volker, Frau, Verena, Katrin, Kind;
Plural: Brüder, Ehefrauen, Kinder
(Birtes Mutter ist Verena)

97 ★☆☆ Zu zweit ist alles doppelt (so schön)

Michael und Martin gehen gemeinsam ins Schwimmbad. Michael packt seine Badetasche. Hinein kommen ein Handtuch, eine Badehose, eine Luftmatratze, eine Badekappe, ein Sonnenschirm, eine Sonnenmilchflasche, eine Liegematte und Seife. Michael trifft Martin im Schwimmbad. Martin hat genau die gleichen Sachen eingepackt. Martin und Michael kippen ihre Taschen aus. Auf ihrem Platz liegen nun:

zwei Handtücher, ____________________

____

____

____

98 ★☆☆ Trau Klaustadt nicht!

Nach Klaustadt kommen die Menschen mit mehreren Dingen einer Sorte. Wenn sie Klaustadt wieder verlassen, haben sie nur noch ein Ding von jeder Sorte. Klaus besuchte vor einigen Tagen Klaustadt und hat nun:

statt zwei Socken eine Socke,

a) statt zwei Augen ____________________,

b) statt zwei Brillengläsern ____________________,

c) statt zwei Ohren ____________________,

d) statt zwei Armen ____________________,

e) statt zwei Händen ____________________,

f) statt zwei Daumen ____________________,

g) statt zwei Beinen ____________________,

h) statt zwei Füßen ____________________,

i) statt zwei Schuhen ____________________.

Armer halber Klaus!

97 zwei Badehosen; zwei Luftmatratzen; zwei Badekappen; zwei Sonnenschirme; zwei Sonnenmilchflaschen; zwei Liegematten; zwei Seifen

98 a) ein Auge; **b)** ein Brillenglas; **c)** ein Ohr; **d)** ein Arm; **e)** eine Hand; **f)** einen Daumen; **g)** ein Bein; **h)** einen Fuß; **i)** einen Schuh

99 ★★☆ Eins und viele

Ordne die folgenden Nomen in die Tabelle ein und bilde die dazu passende Singular- oder Pluralform. Denke daran, dass nicht alle Nomen eine Pluralform haben oder die Pluralform sich nicht immer von der Singularform unterscheidet.

Schuh, Wasser, Koffer, Ferien, Buch, Pflanze, Kraft

Singular	Plural

100 ★★☆ Bäumchen wechsle dich!

Ersetze alle Singularformen durch Pluralformen und alle Plural- durch Singularformen.

Vor unserem Haus steht ein großer Baum. Dieser Baum ist schon sehr alt. Darum möchten meine Tanten nicht, dass er gefällt wird. Meine Großmutter sagt, dass der Baum die Aussicht versperrt. Ich mag den Baum, weil man darauf so schön herumklettern kann.

Vor unseren Häusern stehen große **(a)** ______________ . Diese **(b)** ______________ sind schon sehr alt. Darum möchte meine **(c)** ______________ nicht, dass sie gefällt werden. Meine **(d)** ______________ sagen, dass die **(e)** ______________ die **(f)** ______________ versperren. Ich mag die **(g)** ______________ , weil man darauf so schön herumklettern kann.

99 Schuh – Schuhe; Wasser (nur Singular); Koffer – Koffer; Ferien (nur Plural); Buch – Bücher; Pflanze – Pflanzen; Kraft – Kräfte
100 **(a)** Bäume; **(b)** Bäume; **(c)** Tante; **(d)** Großmütter; **(e)** Bäume; **(f)** Aussichten; **(g)** Bäume

101 ★☆☆ Wer richtig fragt, bekommt auch Antwort!

Nomen stehen in einem bestimmten Fall, dem Kasus. Unterstreiche die passende Frage.

Den Nominativ erfragt man mit **a)** Wen oder was?

b) Wie hat Köln gespielt?

c) Wer oder was?

102 ★☆☆ Nomen im Nominativ

Roland hat vergessen, wer heute zu seiner Party was mitbringt und versucht sich zu erinnern. Setze die Nomen in Klammern im Nominativ in die Lücken.

a) ______________________ bringt Salat mit. (der Nachbar)

b) ______________________ sorgt für die Würstchen. (sein Bruder)

c) ______________________ bringt Holzkohle mit. (Herbert)

d) ______________________ wächst im Garten. (das Basilikum)

e) ______________________ liegt in der Schublade. (Besteck)

f) ______________________ bringt Käse mit. (Verena)

g) ______________________ hat den Grillanzünder vergessen. (Tobias)

h) ______________________ hat aber daran gedacht. (seine Schwester)

i) ______________________ stellt die Musikanlage auf. (die Mutter)

j) ______________________ sorgt für gute Musik. (ihre Freundin)

k) ______________________ bringen alle gute Laune mit. (die Freunde)

101 c)
102 a) Der Nachbar; **b)** Sein Bruder; **c)** Herbert; **d)** Das Basilikum; **e)** Das Besteck; **f)** Verena; **g)** Tobias; **h)** Seine Schwester; **i)** Die Mutter; **j)** Ihre Freundin; **k)** Die Freunde

103 ★★☆ Wir gehen in den Hochseilgarten

Kreuze an, ob die unterstrichenen Nomen im Nominativ stehen oder nicht.

a) In unserer Nähe gibt es einen Hochseilgarten.

Das Nomen steht im Nominativ. ○ Das Nomen steht in einem anderen Fall. ○

b) Spaß ist hier garantiert.

Das Nomen steht im Nominativ. ○ Das Nomen steht in einem anderen Fall. ○

c) Man braucht allerdings auch Mut.

Das Nomen steht im Nominativ. ○ Das Nomen steht in einem anderen Fall. ○

d) Die Menschen auf den Seilen müssen sich manchmal gegenseitig helfen.

Das Nomen steht im Nominativ. ○ Das Nomen steht in einem anderen Fall. ○

e) Die Idee, in den Hochseilgarten zu gehen, kam von meinem Bruder.

Das Nomen steht im Nominativ. ○ Das Nomen steht in einem anderen Fall. ○

f) Manchmal hat er richtig gute Ideen.

Das Nomen steht im Nominativ. ○ Das Nomen steht in einem anderen Fall. ○

104 ★★☆ Auf dem Reiterhof

Verwende die Nomen im Nominativ in je einem eigenen kurzen Satz.

Pferde: *Die Pferde auf der Koppel haben lange Mähnen.*

Reitstunde: ______________________

Matsch: ______________________

Sonnenschein: ______________________

Wettbewerb: ______________________

Sieger: ______________________

Heimfahrt: ______________________

103 Im Nominativ stehen: **b)** Spaß; **d)** Menschen; **e)** Idee.

104 So könnte deine Lösung aussehen: Die letzte Reitstunde vor dem Wettbewerb war anstrengend. Der Matsch erschwerte das Reiten. Der Sonnenschein trocknete später das Gelände. Der Wettbewerb konnte doch stattfinden. Die glücklichen Sieger wurden bejubelt. Die Heimfahrt war lang und wir waren müde.

105 ★☆☆ Wer richtig fragt, bekommt auch Antwort!

Nomen stehen in einem bestimmten Fall, dem Kasus. Unterstreiche die passende Frage.

Den Akkusativ erfragt man mit **a)** Wen oder Was?

b) Darf ich abschreiben?

c) Wessen?

106 ★☆☆ Kerstins Chaos

Kerstin sind die Fälle durcheinandergeraten. Hilf ihr, die Ordnung wiederherzustellen und unterstreiche alle falschen Formen! Schreibe den Text anschließend richtig auf.

Ich freue mich schon auf dem Wochenende. Da besuche ich den Großeltern. Ich zeige ihnen dem neuen Hund, den ich mir gestern im Tierheim ausgesucht habe. Der Hund hat jetzt bei uns einem neuen Zuhause.

105 a)

106 Ich freue mich schon auf das Wochenende. Da besuche ich die Großeltern. Ich zeige ihnen den neuen Hund, den ich mir gestern im Tierheim ausgesucht habe. Der Hund hat jetzt bei uns ein neues Zuhause.

107 ★★☆ Die Stadtbibliothek

Die Klasse 5a macht einen Ausflug in die Leihbücherei und erhält dort eine Führung, bei der die Kinder erfahren, wie man bestimmte Bücher sucht und ausleiht. Ordne alle Nomen in die Tabelle ein.

Die Klasse 5a startet an der Schule ihren Ausflug. Mit dem Bus geht es zur Stadtbibliothek. Dort werden sie von einem Mann empfangen, der ihnen alles zeigt. Die Kinder erfahren, wo sich die Sachbücher befinden und wie man an einem Computer herausfindet, wo ein bestimmtes Buch steht. Der Tag endet mit einer schwierigen Aufgabe: Die Kinder erhalten eine Liste mit Buchtiteln. Sie müssen nun mithilfe des Computers herausfinden, wo diese Bücher in der Bibliothek stehen und anschließend die Bücher finden.

Nomen im Akkusativ	Nomen in anderen Fällen

108 ★★☆ An der Supermarktkasse

Setze die vorgegebenen Nomen in je einem kurzen Satz in den Akkusativ.

Schlange: ______________________

Gedränge: ______________________

Kassierer: ______________________

Ausgang: ______________________

107 Nomen im Akkusativ: Ausflug, Liste, Bücher (letzte Zeile); **Nomen in anderen Fällen:** Klasse, Schule, Bus, Stadtbibliothek, Mann, Kinder, Sachbücher, Computer, Buch, Tag, Aufgabe, Kinder, Buchtitel, Computer, Bücher, Bibliothek

108 So könnte deine Lösung aussehen: Jonas füttert die Schlange. Peter hasst das Gedränge. Ich kenne den Kassierer. Schnell finde ich den Ausgang.

109 ★☆☆ Wer richtig fragt, bekommt auch Antwort!

Nomen stehen in einem bestimmten Fall, dem Kasus. Unterstreiche die passende Frage.

Den Dativ erfragt man mit **a)** Wird es heute regnen?

b) Wem oder was?

c) Wen oder was?

110 ★☆☆ Im Zoo

Setze das, was in Klammern steht, richtig in die Lücke ein.

a) Carla gibt ______________________________ eine Banane. (der Affe)

b) Heike schenkt ______________________________ ein Stück Brot. (das Pferd)

c) Mona gibt ______________________________ einen Fisch. (der Pinguin)

111 ★★☆ Kinder und Katzen

Unterstreiche in den folgenden Sätzen die Nomen, die im Dativ stehen. Beachte, dass nicht jedes Nomen im Dativ steht, und überlege vorher noch einmal genau, wie man nach dem Dativ fragt.

a) Ben erlaubt Markus, die Katze zu füttern.
b) Markus gibt der Katze einen Fisch.
c) Markus gefällt es, sich um ein Haustier zu kümmern.
d) Er fragt seine Mutter, ob sie Vater eine Katze kaufen würde.
e) Die Mutter durchschaut Markus und verpasst Markus einen Denkzettel.
f) Sie sagt, dass sie Markus eine Katze gekauft hätte.
g) Dem Vater kauft sie keine Katze, da er sich nicht um sie kümmern würde.

109 b)

110 a) dem Affen; **b)** dem Pferd; **c** dem Pinguin

111 a) Ben erlaubt Markus, die Katze zu füttern. **b)** Markus gibt der Katze einen Fisch. **c)** Markus gefällt es, sich um ein Haustier zu kümmern. **d)** Er fragt seine Mutter, ob sie Vater eine Katze kaufen würde. **e)** Die Mutter durchschaut Markus und verpasst Markus einen Denkzettel. **f)** Sie sagt, dass sie Markus eine Katze gekauft hätte. **g)** Dem Vater kauft sie keine Katze, da er sich nicht um sie kümmern würde.

112 ★★☆ Noch Fragen?

Frage nach dem unterstrichenen Wort und entscheide dann, ob es im Dativ steht.

a) Sybille schenkt der <u>Frau</u> einen Gutschein. ____________________

____________________ Dativ ja ○ nein ○

b) Petra liest einen <u>Roman</u>. ____________________

____________________ Dativ ja ○ nein ○

113 ★★☆ Auf dem Markt

Unterstreiche das Dativnomen in jedem Satz und verwende es als Dativnomen in einem anderen Satz.

Der Obstverkäufer reicht einem <u>Mann</u> 1 Kilogramm Bananen.
Die Frau hinter dem Gemüsestand verkauft einem Mann Möhren.

a) Der Eisverkäufer schenkt dem Kind eine Kugel Erdbeereis.

____

b) Der Stand mit den Gewürzen gefällt meiner Mutter besonders gut.

____

c) Meinem Vater ist es hier zu langweilig.

____

d) Der Würstchenverkäufer wirft unserem Hund ein Stückchen Wurst zu.

____

e) Dem kommenden Markttag sehe ich mit Freude entgegen.

____

112 a) Wem schenkt Sybille einen Gutschein? (Dativ); **b)** Wen/was liest Petra? (Akkusativ)
113 a) dem Kind; **b)** meiner Mutter; **c** meinem Vater; **d)** unserem Hund; **e)** dem kommenden Markttag

114 ★★☆ Wer mag Katzen?

Setze das Nomen und den passenden Artikel oder das passende Adjektiv ein.

a) Markus gibt ______________________________ einen Fisch. (klein/die Katze)

b) ______________________________ ist das nicht recht. (der Fisch)

c) Markus flüstert ______________________________ etwas ins Ohr. (die Katze)

d) Die Katze streicht ______________________________ um die Füße. (der Junge)

e) Der Fisch hat ______________________________ sehr gut geschmeckt. (die Katze)

f) Markus und die Katze mögen sich so sehr, dass sie von ______________________________ getrennt werden können. (niemand)

115 ★★★ Mag Markus Katzen?

Die unterstrichenen Wörter in den vorgegebenen Sätzen stehen im Nominativ. Verwende diese im Folgesatz immer als Dativobjekt.

Markus mag Katzen.
Katzen gefallen Markus.

a) Die Mutter möchte ihm keine Katze kaufen.

Markus verspricht ______________________________, immer für die Katze zu sorgen.

b) Der Vater bekommt von Markus eine Katze.

Markus schenkt ______________________________ eine Katze.

c) Die Katze hat Hunger.

______________________________ knurrt der Magen.

114 a) der kleinen Katze; **b)** dem Fisch; **c)** der Katze; **d)** dem Jungen; **e)** der Katze; **f)** niemandem
115 a) der Mutter; **b)** dem Vater; **c)** der Katze

116 ★☆☆ Wer richtig fragt, bekommt auch Antwort!

Nomen stehen in einem bestimmten Fall, dem Kasus. Unterstreiche die passende Frage.

Den Genitiv erfragt man mit

a) Wem oder Was?

b) Wessen?

c) Wie spät ist es?

d) Was geht?

e) Wer oder Was?

f) Warum?

g) Wovor?

h) Wie?

117 ★★☆ Chaos im Klassenzimmer

Als die Klasse 5d nach der Pause in ihr Klassenzimmer zurückkommt, trauen die Kinder ihren Augen nicht. Alles ist durcheinander und der Inhalt aller Schultaschen liegt im Klassenzimmer verstreut. Alle versuchen nun gemeinsam, die Sachen wieder zu ordnen. Unterstreiche alle Nomen im Genitiv.

a) Die roten Hefte sind die der Schülerin Kerstin.

b) Unter dem Pult liegen der Stift des Lehrers und der Griff des Fensters.

c) Die Deutschbücher aller Kinder liegen auf den Schränken.

d) Die Hoffnung der Direktorin ist, dass die Übeltäter bald gefasst werden.

e) Sie werden dann den Klassenraum der Klasse aufräumen und putzen müssen.

f) Die Kinder sind besonders enttäuscht, da die Bilder der letzten Kunststunden alle von den Wänden gerissen wurden.

g) Die Gemeinheit der Übeltäter scheint also grenzenlos zu sein.

h) Die Freude der Klasse wird groß sein, wenn alles wieder in Ordnung ist.

116 b)

117 a) Schülerin; **b)** Lehrers, Fensters; **c)** Kinder; **d)** Direktorin; **e)** Klasse; **f)** Kunststunden; **g)** Übeltäter; **h)** Klasse

118 ★☆☆ Was ist es?

Schreibe den Kasus hinter die Nomen.

Ali **(a)** (______________________) hat Geburtstag. Er freut sich besonders darauf, alle Freunde **(b)** (______________________) einzuladen. Pünktlich um drei Uhr stehen Alis **(c)** (______________________) Freunde auch schon vor der Tür. Ali freut sich, dass er den Freunden **(d)** (______________________) mit dem Fest eine Freude machen kann. Er berichtet der Mutter **(e)** (______________________) am Abend, wie schön es war.

119 ★★☆ Alle zusammen

Bilde jetzt selbst Sätze, die Nomen in dem angegebenen Fall oder den angegebenen Fällen enthalten.

Nominativ

Die Kinder laufen.

a) Nominativ (Auto)

____

b) Akkusativ (Gärtner)

____

c) Dativ (Mutter)

____

d) Nominativ + Akkusativ (Kind, Katze)

____

118 **(a)** Nominativ; **(b)** Akkusativ; **(c)** Genitiv; **(d)** Dativ; **(e)** Dativ
119 So könnte deine Lösung aussehen: **a)** Das Auto fährt. **b)** Ich sehe den Gärtner. **c)** Du hilfst der Mutter. **d)** Das Kind streichelt die Katze.

120 ★★☆ Wer oder Wen?

Jan räumt nicht gerne sein Zimmer auf. Deswegen mogelt er, wo es nur möglich ist, und lässt sich allerhand einfallen, damit das Aufräumen schneller geht. Unterstreiche alle markierten Nomen, die im Nominativ stehen, und alle markierten Nomen, die im Akkusativ stehen, mit unterschiedlichen Farben.

Jan räumt die Spielzeugautos auf den Schrank. Die Schreibtischschublade ist jetzt das neue Zuhause der Fernbedienung. Die Computerspiele liegen nun unter dem Bett. Den Tennisschläger steckt Jan in den Abfalleimer. Die Zeichensachen kehrt Jan unter den Teppich. Den Kleiderhaufen versteckt er hinter der Tür. Den Fußball legt er auf die Fensterbank. Im Kleiderschrank verstaut er die Hausaufgaben . Der Wecker verschwindet in der Dusche. Den alten Stoffhund schenkt er einfach seiner Schwester. Die Schwester schenkt ihm dafür eine Lichterkette. Die hängt Jan über den Baum vor seinem Fenster. Die Spielesammlung stellt er hinter den Lampenschirm. Den Atlas versteckt er schließlich unter den Socken im Schrank. Nur das schmutzige Geschirr trägt er in die Küche. Das schlechte Gewissen kann er nicht verstecken, als die Mutter ihn fragt, ob er schon fertig ist.

121 ★★★ Ein glücklicher Fall

Schreibe in die Klammern, in welchem Fall das Unterstrichene steht.

Zwei Männer **(a)** (______________) treffen sich abends auf der Straße. Da fragt der eine den anderen **(b)** (______________): „Wie kommt es nur, dass du dich so sehr deines Lebens **(c)** (______________) freust?" „Ich habe im Lotto gewonnen und werde meinen Job **(d)** (______________) gleich kündigen", antwortet der andere und fragt gleich hinterher: „Und warum freust du dich? Hast du auch etwas gewonnen?" „Im Gegenteil", sagt da der andere, „ich werde gleich einen Mann **(e)** (______________) verlieren. Der Lottogewinner wundert sich und schaut den anderen fragend an. Dieser lacht verschmitzt und sagt: „Ich verliere gleich meinen faulsten Mitarbeiter **(f)** (______________)!" Der Lottogewinner **(g)** (______________) schaut den anderen beleidigt an und geht.

120 Nominativ: Jan, die Schreibtischschublade, die Computerspiele, der Wecker, die Schwester, die Mutter; **Akkusativ:** die Spielzeugautos, den Tennisschläger, die Zeichensachen, den Kleiderhaufen, den Fußball, die Hausaufgaben, den Stoffhund, eine Lichterkette, die Spielesammlung, den Atlas, das Geschirr, das Gewissen
121 (a) Nominativ; **(b)** Akkusativ; **(c)** Genitiv; **(d)** Akkusativ; **(e)** Akkusativ; **(f)** Akkusativ; **(g)** Nominativ

122 ★☆☆ Der bestimmte Artikel

Ein Artikel steht immer bei einem Nomen. Setze die passenden Artikel in die Lücken ein.

(a) ________ Freude war groß, als **(b)** ________ Vater **(c)** ________ Kindern mitteilte, dass es in **(d)** ________ Ferien wieder an **(e)** ________ Meer geht. **(f)** ________ Kinder jubelten, weil sie sich daran erinnerten, wie schön es war, im letzten Sommer am Meer **(g)** ________ Sand unter **(h)** ________ Füßen zu spüren und **(i)** ________ schönste Sandburg am ganzen Strand zu bauen. Nur an **(j)** ________ Stau auf der Autobahn erinnern sich **(k)** ________ Kinder nicht gern, da **(l)** ________ Langeweile groß war. **(m)** ________ Vater beruhigt **(n)** ________ Kinder, indem er **(o)** ________ Zugfahrkarten zeigt. **(p)** ________ Kinder freuen sich, dass **(q)** ________ Urlaub diesmal ohne **(r)** ________ lästigen Stau beginnen wird.

123 ★★☆ Auf alle Fälle

Bestimme Kasus, Numerus und Genus der Artikel, die vor den Nomen stehen.

a) Das Haus ist groß.

____

b) Der Mann kauft das Haus.

____

c) Er besichtigt vorher aber die Zimmer des Hauses.

____

d) Er gibt den Freunden seine neue Adresse.

____

122 (a) Die Freude; **(b)** der Vater; **(c)** den Kindern; **(d)** den Ferien; **(e)** das Meer; **(f)** Die Kinder; **(g)** den Sand; **(h)** den Füßen; **(i)** die schönste Sandburg; **(j)** den Stau; **(k)** die Kinder; **(l)** die Langeweile; **(m)** Der Vater; **(n)** die Kinder; **(o)** die Zugfahrkarten; **(p)** Die Kinder; **(q)** der Urlaub; **(r)** den lästigen Stau
123 a) Nominativ, Singular, neutrum; **b)** Akkusativ, Singular, neutrum; **c)** Genitiv, Singular, neutrum; **d)** Dativ, Plural, maskulinum

124 ★★☆ „Das" falsche Artikel

In dieser Übung haben viele Nomen falsche Artikel. Schreibe den Text ab und setze die richtigen Artikel ein.

Letzten Sommer sind wir mit die Auto nach Italien gefahren. Das Stau auf der Autobahn war sehr langweilig. Wir haben aber sehr viel von dem Landschaft gesehen, sodass ich die Kontinent ein bisschen besser kennengelernt habe.

____

____

____

____

125 ★★★ Nutze dein Wissen!

Verwende die Nomen wie angegeben in einem Satz. Verwende in jedem Satz den bestimmten Artikel.

Nominativ, Singular, femininum (Blume)
Die Blume blüht.

a) Dativ, Plural, maskulinum (Hunde)

____

b) Akkusativ, Singular, neutrum (Pferdchen)

____

c) Akkusativ, Plural, neutrum (Spiel)

____

d) Dativ, Singular, maskulinum (Bauer)

____

124 die falschen Artikel: die Auto, das Stau, dem Landschaft, die Kontinent
die richtigen Artikel: dem Auto, der Stau, der Landschaft, den Kontinent

125 So könnte deine Lösung aussehen: **a)** Ich gebe den Hunden Futter. **b)** Du bewunderst das Pferdchen. **c)** Ludwina plant die Spiele für Evas Geburtstagsparty. **d)** Wir helfen dem Bauern.

126 ★☆☆ Der unbestimmte Artikel

Auch der unbestimmte Artikel begleitet ein Nomen. Ihn gibt es allerdings nur im Singular. Unterstreiche alle unbestimmten Artikel.

Ein Hund lebt lange. Darum muss man sich, bevor man sich einen Hund anschafft, gut überlegen, ob man auch bereit ist, sich so lange um einen Hund kümmern zu wollen. Eine Verantwortung für ein Tier kann man nicht einfach abgeben. Man sollte sich also vorher ein paar Gedanken machen und sich erst ein Tier anschaffen, das eine kurze Lebenserwartung hat.

127 ★★☆ Ein ganz besonderes Kaninchen

Setze die passenden unbestimmten Artikel in die Lücken des Textes ein.

Veronika wünscht sich zu Weihnachten **(a)** ______________ Kaninchen. Sie beschreibt es vorher ganz genau und sagt: „ Das Kaninchen hat **(b)** ______________ helles Fell und **(c)** ______________ freundliches Wesen. Es geht an **(d)** ______________ Leine im Park spazieren und mag auch gerne mal **(e)** ______________ Knochen. Besonders lustig ist es, wenn es mit **(f)** ___________ Freude, die man sich kaum vorstellen kann, an mir hochspringt. Ich hoffe aber, dass es nicht irgendwann einmal **(g)** ______________ Katze **(h)** ______________ Baum hochjagt. Wenn es auf **(i)** ______________ anderes Kaninchen im Parkt trifft, schnuppert es erst einmal. Wenn man es sucht, muss man nur rufen und **(j)** ______________ lautes Bellen verrät, wo es ist. **(k)** „______________ schönes Kaninchen wünschst du dir da", sagt die Mutter.

126 Ein Hund lebt lange. Darum muss man sich, bevor man sich einen Hund anschafft, gut überlegen, ob man auch bereit ist, sich so lange um einen Hund kümmern zu wollen. Eine Verantwortung für ein Tier kann man nicht einfach abgeben. Man sollte sich also vorher ein paar Gedanken machen und sich erst ein Tier anschaffen, das eine kurze Lebenserwartung hat.
127 **(a)** ein; **(b)** ein; **(c)** ein; **(d)** einer; **(e)** einen; **(f)** einer; **(g)** eine; **(h)** einen; **(i)** ein; **(j)** ein; **(k)** Ein

128 ★★☆ Richtig oder falsch?

Kreuze an, welche der Angaben über den unbestimmten Artikel richtig sind. (Tipp: Beachte bei der Kasusbestimmung, dass der unbestimmte Artikel und das dazugehörige Nomen im gleichen Fall stehen.

a) Friedrich gibt Torben eine Kopfnuss.

Genitiv ○ femininum ○ Singular ○

b) Veronika macht eine Reise.

Akkusativ ○ maskulinum ○ Plural ○

c) Katrin hat die Stimme eines Stars.

Genitiv ○ maskulinum ○ Singular ○

d) Ria bekommt eine Auszeichnung.

Dativ ○ neutrum ○ Plural ○

129 ★★★ Sätze bilden

Bilde Sätze, die einen unbestimmten Artikel in der vorgegebenen Form enthalten.

Nominativ, neutrum (Tief, ziehen, Atlantik)
Ein Tief zieht über den Atlantik.

a) Dativ, femininum (Paul, geben, Katze)

____

b) Genitiv, maskulinum (Johanna, gedenken, berühmter Künstler)

____

c) Akkusativ, neutrum (Ich, lesen, Buch)

____

d) Nominativ, maskulinum (Mann fahren, Italien)

____

128 a) femininum, Singular; **b)** Akkusativ; **c** Genitiv, Singular, maskulinum; **d)** alle Behauptungen sind falsch
129 So könnte deine Lösung aussehen: **a)** Paul gibt einer Katze einen Fisch. **b)** Johanna gedenkt eines berühmten Künstlers. **c)** Ich lese ein Buch. **d)** Ein Mann fährt nach Italien.

130 ★☆☆ Wer mag was? I

Statt einer Person steht oft ein Personalpronomen. Die Personalpronomen vertreten also eine Person. Unterstreiche in den folgenden Sätzen das Personalpronomen.

a) Linda mag Hunde. Sie wünscht sich schon lange einen Hund.

b) Ich mag Schildkröten lieber. Schildkröten laufen nicht so schnell davon.

c) Verena und Tina kümmern sich um ein Pony. Sie machen ihre Sache gut.

d) Alfons sagt: „Ihr seid ja alle verrückt. Ein Tier macht zu viel Arbeit."

e) Linda antwortet: „Du hast ja keine Ahnung. Es macht Spaß."

f) Verena und Tina sagen: „Wir teilen uns die Arbeit."

131 ★★☆ Wer mag was? II

Schreibe die Sätze ab und ersetze die markierten Wörter durch ein Personalpronomen.

Antje trinkt gerne Tee.
Sie trinkt gerne Tee.

a) Holger trinkt lieber Wasser.

b) Albert mag am liebsten Saft.

c) Das Baby trinkt nur Milch.

d) Ariane und Friedrich mögen weder Saft noch Milch.

130 a) Sie; **b)** Ich; **c)** Sie; **d** Ihr; **e)** Du; **f)** Wir
131 a) Er trinkt lieber Wasser. **b)** Er mag am liebsten Saft. **c)** Es trinkt nur Milch. **d)** Sie mögen weder Saft noch Milch.

132 ★★☆ Singular oder Plural?

In welcher Person tauchen in den Sätzen die Personalpronomen auf?

a) Wir freuen uns auf die Gäste.

1. Person Singular ○ 2. Person Singular ○ 3. Person Singular ○
1. Person Plural ○ 2. Person Plural ○ 3. Person Plural ○

b) Ich freue mich auf den Sommer.

1. Person Singular ○ 2. Person Singular ○ 3. Person Singular ○
1. Person Plural ○ 2. Person Plural ○ 3. Person Plural ○

c) Ihr freut euch auf die Ferien.

1. Person Singular ○ 2. Person Singular ○ 3. Person Singular ○
1. Person Plural ○ 2. Person Plural ○ 3. Person Plural ○

d) Sie freuen sich auf das Wochenende.

1. Person Singular ○ 2. Person Singular ○ 3. Person Singular ○
1. Person Plural ○ 2. Person Plural ○ 3. Person Plural ○

133 ★★☆ Ein würdiger Stellvertreter

Setze in die Lücken passende Personalpronomen ein.

Der Vater war wütend. **(a)** ________ schrie Lars und Volker an: „ **(b)** ________ seid wohl wahnsinnig, so spät nach Hause zu kommen. Eure Mutter und **(c)** ________ warten seit zwei Stunden auf **(d)** ________, **(e)** ________ machen uns große Sorgen. Wenn **(f)** ________ das nächste Mal länger bei euren Freunden bleiben wollt, dann fragt **(g)** ________, ob ihr kurz telefonieren dürft und ruft **(h)** ________ an."

132 a) 1. Person Plural; **b)** 1. Person Singular; **c)** 2. Person Plural; **d)** 3. Person Plural
133 (a) Er; **(b)** Ihr; **(c)** ich; **(d)** euch; **(e)** wir; **(f)** ihr; **(g)** sie; **(h)** uns

134 ★★★ Von Fall zu Fall

Personalpronomen stehen wie die Nomen, die sie ersetzen, in einem bestimmen Fall. Bestimme den Kasus der Personalpronomen.

Der Hund beißt den Schornsteinfeger. Ein Mann tröstet ihn.
Akkusativ

a) Verena schenkt Tina ein Buch. Verena gibt es ihr in die Hand.

---

b) Verena schenkt Tina ein Buch. Sie gibt es Tina in die Hand.

---

c) Harald gedenkt seiner Ahnen. Harald gedenkt ihrer.

---

d) Erika sucht ihren Hund. Erika ruft ihn.

---

135 ★★★ Ich und du, Müllers Kuh

Verwende die Personalpronomen in der angegebenen Form. Denke dir für jedes Personalpronomen einen Satz aus.

a) 1. Person Singular, Nominativ

---

b) 3. Person Plural, Dativ

---

c) 2. Person Singular, Akkusativ

---

d) 1. Person Plural, Dativ

---

134 a) Dativ (ihr); **b)** Nominativ (Sie); **c)** Genitiv (ihrer); **d)** Akkusativ (ihn)
135 a) Ich …; **b)** … ihnen …; **c)** … dich …; **d)** … uns …

136 ★☆☆ Was gehört wem? I

Emil leiht sich oft Sachen von seinen Freunden aus. Unterstreiche alle besitzanzeigenden Fürwörter (Possessivpronomen).

a) Emil schreibt mit Joachims Füller. Sein Füller schreibt schöner als Emils Füller.

b) Emil hat sich von Anna das Skateboard geliehen. Ihr Skateboard ist viel schneller als Emils Skateboard.

c) Emil hat sich von euch zwei Mathehefte zum Lernen geborgt, denn eure Hefte sind viel ordentlicher als Emils Heft.

d) Emil hat sich von uns eine Tasse geliehen, weil Emils Tasse heruntergefallen ist. Unsere Tassen sind noch nicht heruntergefallen.

e) Anna kommt auf einem Fahrrad angefahren. „Emil, das ist dein Fahrrad", sagt Anna. Das hast du mir geliehen.

137 ★★☆ Wem gehört was? II

Emil und seine Freunde veranstalten einmal im Monat einen „Tag des Zurückgebens". Emil bringt leider immer alles durcheinander. Setze die passenden Possessivpronomen in die Lücken. (Tipp: Mache zuerst den Kurztest 136, dann ist es leichter.)

Emil hat vergessen, dass der Füller Joachim gehört. Anna sagt Emil, dass es sich um

(a) ________________ Füller handelt.

Joachim weiß, dass das Skateboard Anna gehört, und er muss Emil sagen, dass es

(b) ________________ Skateboard ist.

Emil sucht seit Tagen verzweifelt **(c)** ________________ Fahrrad. Anna erinnert ihn daran, dass **(d)** ________________ Fahrrad eigentlich **(e)** ________________ Fahrrad ist und sagt: „Emil, hier ist doch **(f)** ________________ Fahrrad." „Danke, du bist **(g)** ________________ Rettung", sagt Emil.

136 a) sein; **b)** ihr; **c)** eure; **d)** unsere; **e)** dein
137 (a) seinen; **(b)** ihr; **(c)** sein; **(d)** ihr; **(e)** sein; **(f)** dein; **(g)** meine

138 ★☆☆ Alle auf einmal

Finde das Possessivpronomen in der vorgegebenen Form.

a) 1. Person Singular:

__________ Bücher stehen im Bücherregal.

b) 2. Person Singular:

__________ Schuhe sind viel zu klein.

c) 3. Person Singular:

__________ Tasche steht auf dem Tisch.

d) 1. Person Plural:

__________ Koffer wurden vertauscht.

e) 2. Person Plural:

__________ Lieblingslieder werden auf der Party gespielt.

f) 3. Person Plural:

__________ Fußballschuhe sehen alle gleich aus.

139 ★★★ Das Possessivpronomen und die Fälle

Setze das passende Possessivpronomen in den Text ein und kreuze den Kasus an, in dem das Possessivpronomen steht.

a) Für das Fahrrad hat Charlotte lange gespart. Jetzt gehört es __________.

Nominativ ○ Genitiv ○ Dativ ○ Akkusativ ○

b) Harald liebt die Sonne. Er erfreut sich __________.

Nominativ ○ Genitiv ○ Dativ ○ Akkusativ ○

c) Sarah und Wiebke haben jeweils eine Katze. Sarah füttert aber nur __________.

Nominativ ○ Genitiv ○ Dativ ○ Akkusativ ○

138 a) Meine; **b)** Deine; **c)** Seine/Ihre; **d)** Unsere; **e)** Eure; **f)** Ihre
139 a) ihr – Dativ; **b)** ihrer – Genitiv; **c)** ihre – Akkusativ;

140 ★☆☆ Das Demonstrativpronomen (hinweisendes Fürwort)

Das Demonstrativpronomen verweist auf einen Gegenstand oder eine Person. Unterstreiche das Demonstrativpronomen im Satz.

a) Die Bäume neigen sich im Wind. Dieser dort neigt sich besonders stark.

b) Jenes Haus dort wird zum Verkauf angeboten.

c) Jonas war gestern im Kino. Diesen Film hat er leider schon gesehen.

d) Patrick hat sich neue Schuhe gekauft. Dieselben findet seine Mutter am nächsten Tag im Müll.

e) Derjenige, der durch das Rosenbeet getrampelt ist, soll sich bitte melden!

f) Dies möchte ich nicht haben.

g) Jenes wäre mir lieber.

141 ★★☆ Im Fahrradgeschäft

Susanne darf sich zu ihrem Geburtstag ein neues Fahrrad aussuchen. Im Fahrradgeschäft denkt sie laut über die Vorteile des einen oder anderen Fahrrads nach. Setze das Demonstrativpronomen „dieses" im passenden Kasus in die Lücken ein.

Ein gelbes Fahrrad wäre schön. **(a)** ____________ ist zwar gelb, ist aber noch viel zu groß. Jenes hat die richtige Größe, die Farbe ist aber langweilig. Der Händler hat aber gesagt, dass es **(b)** ____________ Modell auch noch in anderen Farben gibt. Wenn es **(c)** ____________ Fahrrad in jener Farbe dort gäbe, würde ich es sofort kaufen. Der Händler hat eine merkwürdige Idee und fragt Susanne: „Wenn ich **(d)** ____________ Fahrrad einen neuen Anstrich verpassen würde, würdest du es dann kaufen?" Susanne antwortet: **(e)** „____________ Idee ist die dümmste Idee, die ich je in **(f)** ____________ Fahrradgeschäft gehört habe."

140 a) Dieser; **b)** Jenes; **c)** Diesen; **d)** Dieselben; **e)** Derjenige; **f)** Dies; **g)** Jenes

141 (a) Dieses; **(b)** dieses; **(c)** dieses; **(d)** diesem; **(e)** Diese; **(f)** diesem

142 ★☆☆ Susannes Fahrrad

Das Relativpronomen leitet den Relativsatz ein. Es steht im Zusammenhang mit einem Nomen oder mit dem ganzen übergeordneten Satz. Schreibe aus jedem Satz das Relativpronomen und das Nomen heraus, auf das sich das Relativpronomen bezieht. (Tipp: Bei einem der fünf Sätze musst du statt eines Nomens den ganzen übergeordneten Satz herausschreiben.)

a) Das Fahrrad, das am Eingang steht, ist gelb.

____

b) Das Fahrrad, das an der Wand hängt, hat die richtige Größe.

____

c) Das Fahrrad, welches die richtige Größe und eine schöne Farbe hat,

wird der Händler gleich holen.

____

d) Der Händler ist die Person, die gleich das Fahrrad bringen wird.

____

e) Der Händler weiß nicht genau, was Susanne will.

____

143 ★★☆ Daniels Fahrrad

Einige Jahre später darf sich auch Susannes kleiner Bruder, Daniel, ein Fahrrad aussuchen. Im Fahrradgeschäft denkt auch Daniel laut darüber nach, welches Fahrrad wohl am besten für ihn sei. Schreibe auf, was Daniel in dieser Situation vor sich hinmurmelt und verwende in deinem Text die Demonstrativpronomen *jenes* und *dieses* und die Relativpronomen *welches, was* und *das.*

____

____

____

____

142 a) Fahrrad – das; **b)** Fahrrad – das; **c)** Fahrrad – welches; **d)** Person – die; **e)** Der Händler weiß nicht genau – was

144 ★☆☆ Fragen über Fragen

Kreuze alle Fragepronomen an.

○ wer	○ ihr
○ du	○ das
○ dies	○ wo
○ was	○ warum
○ sie	○ ich
○ wann	○ jenes

145 ★☆☆ Wer hat gerufen?

Das Interrogativpronomen (Fragepronomen) steht anstelle eines Nomens oder bei einem Nomen. Ergänze in dem Text die Interrogativpronomen sinnvoll.

Berrit: „Olga, kannst du mir bitte die Zeitschrift vom Tisch geben?“

Olga: **(a)** „__________ ruft mich da?“

Berrit: „Ich habe gerufen. Reich mir bitte die Zeitschrift vom Tisch.“

Olga: **(b)** „__________ fällt dir ein, mich herumzukommandieren?“

Berrit: „Sei bitte so nett und reiche mit die Zeitschrift vom Tisch.“

Olga: **(c)** „____________________ meinst du denn?“

Berrit: „Die Computerzeitschrift.“

Olga: „Sag das doch gleich.“

Berrit: **(d)** „__________?“

Olga: „Das!“

144 wer, was, wann, wo, warum
145 (a) wer; **(b)** was; **(c)** welche; **(d)** was

146 ★★☆ Dumme Fragen erwünscht!

Denke dir für jedes Fragepronomen eine Frage aus.

wer: ______________________________

was: ______________________________

wem: ______________________________

wann: ______________________________

wo: ______________________________

wen: ______________________________

wie: ______________________________

147 ★★★ Kasus und Numerus beim Interrogativpronomen

Bestimme Kasus und Numerus des jeweiligen Interrogativpronomens.

a) Wo sind die Socken? Welche (____________________) meinst du denn?

b) Wen (____________________) hast du getroffen?

c) Wem (____________________) soll ich die schönen Grüße ausrichten?

d) Wer (____________________) ruft eigentlich so spät noch an?

e) Wessen (____________________) Bücher würdest du gerne lesen?

147 a) Akkusativ – Plural; **b)** Akkusativ – Singular; **c)** Dativ – Singular; **d)** Nominativ – Singular; **e)** Genitiv – Plural

148 ★☆☆ Was ist ein unbestimmtes Fürwort?

Ein unbestimmtes Fürwort benutzt man, wenn man von etwas nicht die genaue Menge kennt oder etwas nicht zählbar ist. So kann z. B. in einem Rezept statt der Angabe „20 Gramm Mehl" die Angabe „etwas Mehl" stehen.
Kreuze an, in welchen Sätzen ein unbestimmtes Fürwort vorkommt.

a) Viele Menschen stehen vor dem Kino.

b) Drei Menschen stehen vor dem Kino.

c) Alle freuen sich auf den Sommer.

d) Viele freuen sich auf den Sommer.

e) Niemand freut sich auf den Sommer.

f) Zwölf freuen sich auf den Sommer.

g) Etwas ist hier merkwürdig.

h) Nichts ist hier merkwürdig.

i) Alles ist hier merkwürdig.

j) Zwei Dinge sind hier merkwürdig.

149 ★★☆ Berufsverkehr

Setze in den Text die passenden unbestimmten Fürwörter ein.

alle, manche, andere, viele, alle, nichts

Morgens müssen **(a)** ________________ Menschen zur Arbeit. Dann staut es sich vor den roten Ampeln und **(b)** ________________ müssen warten. **(c)** ________________ werden dabei sehr ungeduldig und fluchen, wohingegen **(d)** ________________ ganz ruhig bleiben. Am wichtigsten ist aber, dass um diese Zeit **(e)** ________________ passiert und **(f)** ________________ pünktlich zu ihren Arbeitsstellen kommen.

148 a) viele; **c)** alle; **d)** viele; **e)** niemand; **g)** etwas; **h)** nichts; **i)** alles
149 (a) viele/manche; **(b)** alle; **(c)** manche/viele; **(d)** andere; **(e)** nichts; **(f)** alle

150 ★★☆ Im Flugzeug

Bestimme den Kasus des Indefinitpronomens.

Allen **(a)** (____________________) Langstreckenflügen ist gemeinsam, dass die meisten **(b)** (____________________) Passagiere die gute Verpflegung an Bord genießen. Das Bordpersonal bringt allen **(c)** (____________________) Passagieren Getränke. Viele **(d)** (____________________) mögen Kaffee, manche **(e)** (____________________) trinken Tee, andere **(f)** (____________________) entscheiden sich für etwas Anderes. Später bringt das Bordpersonal das Mittagessen. Dazu schieben die Mitarbeiter immer einige **(g)** (____________________) Teller mit Essen auf einem Rollwagen durch die Gänge.

Manche Passagiere **(h)** (____________________) sind ungeduldig und möchten möglichst schnell etwas **(i)** (____________________) zu essen haben.

Einige **(j)** (____________________) Zeit nimmt das Servieren des Essens schon in Anspruch, aber am Ende werden ganz sicher alle **(k)** (____________________) satt.

151 ★★★ Im Zug

Manche Menschen reisen lieber mit der Bahn als mit dem Flugzeug. Verwende einige der Indefinitpronomen aus dem vorherigen Kurztest und bilde mit ihnen eigene Sätze zum Thema „Reisen im Zug".

____

____

____

____

____

149 **(a)** Dativ; **(b)** Nominativ; **(c)** Dativ; **(d)** Nominativ; **(e)** Nominativ; **(f)** Nominativ; **(g)** Akkusativ; **(h)** Nominativ; **(i)** Akkusativ; **(j)** Akkusativ; **(k)** Nominativ

152 ★☆☆ Wer ist er?

Kreuze an, welche Verben in der dritten Person Singular stehen.

a) ich gehe
b) er sieht
c) du fährst
d) sie schreit
e) wir rufen
f) du ruhst
g) er kommt
h) sie stehen
i) es steht
j) wir sind
k) sie sagt
l) du siehst
m) ich traue
n) du fährst
o) sie kommt
p) sie kommen

153 ★☆☆ Du fehlst

Setze die zweite Person Singular in die Lücken des Textes ein.

Lieber Erwin,

sicher erinnerst **(a)** ______ dich noch an mich. Ich habe vor einem Jahr immer mit dir in unserem Garten gespielt. Leider sind wir ja umgezogen und **(b)** ______ hattest keine Zeit, dich von mir zu verabschieden. Deswegen hast **(c)** ______ mich auch nicht mehr gesehen und **(d)** ______ hast sicher gedacht, ich bin einfach so verschwunden. Ich schreibe einen Brief, um dir zu sagen, dass **(e)** ______ mir fehlst. Ich hoffe, **(f)** ______ kommst mich bald einmal besuchen.

Dein Johannes

154 ★☆☆ Wünsche

Die Kinder der 5c wünschen sich für ihren Schulhof viele Dinge. Was könnten sie sich wünschen? Verwende die erste Person Singular am Beginn des Satzes.

Kevin: Ich wünsche mir einen Fußballplatz.

Lotta: ______________________________

Uli: ______________________________

152 b) er sieht; **d)** sie schreit; **g)** er kommt; **i)** es steht; **k)** sie sagt; **o)** sie kommt
153 In jede Lücke muss ***du*** eingesetzt werden.
154 Jeder Satz muss mit ***Ich*** beginnen.

155 ★☆☆ Wer beschenkt wen?

Setze die richtige Form von *schenken* ein.

Tinas kleiner Bruder Bert ist besonders gespannt, wer an Weihnachten wem etwas schenken wird und überlegt gemeinsam mit seiner großen Schwester Tina, ob sie Oma dieses Jahr nicht etwas gemeinsam **(a)** ______________ sollen. „Wenn ich dir das Buch **(b)** ______________, das du dir sowieso kaufen wolltest, dann sparst du dir das Geld und du **(c)** ______________ mir dann die CD, die sich Mama schon so lange wünscht. Papa bekommt dann zufälligerweise die CD von mir und der **(d)** ______________ sie dann Mama." Tina unterbricht Bert in seinen Überlegungen und sagt: „Bert, es geht an Weihnachten nicht darum, sich gegenseitig für wenig Geld möglichst viel zu **(e)** ______________. Wir sollten uns nicht so viel schenken." Die Mutter hat das Gespräch mitgehört und unterstützt Tina. „Wenn ihr euch so viel **(f)** ______________, könnt ihr Weihnachten gar nicht mehr richtig genießen."

156 ★☆☆ Wer gehört zu wem?

Ordne nun die unterschiedlichen Formen von *schenken*, die du im Kurztest 155 eingesetzt hast, den richtigen Personen zu. Schreib den Infinitiv gesondert auf.

1. Pers. Sg.	2. Pers. Sg.	3. Pers. Sg.	1. Pers. Pl.	2. Pers. Pl.	3. Pers. Pl.

der Infinitiv: ______________________

155 (a) schenken; **(b)** schenke; **(c)** schenkst; **(d)** schenkt; **(e)** schenken; **(f)** schenkt

156 in der Tabelle von links nach rechts: ich schenke, du schenkst, er schenkt, 1. Person Plural (wir schenken) fehlt, ihr schenkt, sie schenken
Infinitiv: (sich) schenken

157 ★☆☆ Paul, der Besserwisser

Paul weiß nicht nur über Nomen schlecht Bescheid, sondern auch über Verben und macht folgende Aussagen. Entscheide, ob die folgenden Aussagen falsch oder richtig sind.

a) Verben verraten uns nur die Uhrzeit.

richtig ○ falsch ○

b) Verben verraten uns, was jemand tut oder was passiert.

richtig ○ falsch ○

c) Verben werden konjugiert.

richtig ○ falsch ○

d) Verben werden korrigiert.

richtig ○ falsch ○

e) Verben werden kleingeschrieben.

richtig ○ falsch ○

f) Verben werden falsch geschrieben.

richtig ○ falsch ○

158 ★★☆ Wer handelt hier?

Schreibe in die Klammern, in welcher Person das Verb steht.

Thore hat (3. Pers. Sg.) Ferien. Er erholt **(a)** (________________) sich gut von der Schule, die leider bald wieder beginnt **(b)** (________________). Da fällt ihm ein, dass ihn seine Freunde dann wieder fast jeden Tag sehen **(c)** (________________). „Dann können wir wieder jeden Tag miteinander reden", **(d)** (________________) murmelt Thore vor sich hin. „Träumst **(e)** (________________) du?", fragt da die Mutter.

157 a) falsch; **b)** richtig; **c)** richtig; **d)** falsch; **e)** richtig; **f)** falsch
158 (a) 3. Pers. Sg.; **(b)** 3. Pers. Sg.; **(c)** 3. Pers. Pl.; **(d)** 1. Pers. Pl.; **(e)** 2. Pers. Sg.

159 ★☆☆ Verben finden

Unterstreiche in dem Text alle Verben. Achte darauf, dass Verben auch zweiteilig sein können. (z. B. Er *gibt* das Buch in der Bibliothek *ab*.)

Karin weiß zwar, wo Brasilien liegt, aber zu Hause verlegt sie immer alles. Die Mutter: „Schön, dass du jetzt weißt, wo Brasilien liegt. Aber weißt du auch, wo ich diese Socke gefunden habe?" Karin: „ In meinem Schrank?" Die Mutter: „Das ist fast richtig. Im Kühlschrank habe ich sie gefunden." Karin: „Oh je, dann liegt meine Brille sicher auch dort, wo sie nicht liegen sollte." Die Mutter antwortet: „Genau, deine Brille habe ich im Bettkasten gefunden."

160 ★★☆ Verben und Personen

Konjugiere die Verben und schreibe sie in die Tabelle.

Infinitiv	1. Pers. Sg.	2. Pers. Sg.	3. Pers. Sg.	1. Pers. Pl.	2. Pers. Pl.	3. Pers. Pl.
wissen	*ich weiß*	*du weißt*				
liegen						
verlegen						
finden						

159 Karin weiß zwar, wo Brasilien liegt, aber zu Hause verlegt sie immer alles. Die Mutter: „Schön, dass du jetzt weißt, wo Brasilien liegt. Aber weißt du auch, wo ich diese Socke gefunden habe?" Karin: „In meinem Schrank?" Die Mutter: „Das ist fast richtig. Im Kühlschrank habe ich sie gefunden." Karin: „Oh je, dann liegt meine Brille sicher auch dort, wo sie nicht liegen sollte." Die Mutter antwortet: „Genau, deine Brille habe ich im Bettkasten gefunden."

160 wissen: er weiß, wir wissen, ihr wisst, sie wissen; **liegen:** ich liege, du liegst, er liegt, wir liegen, ihr liegt, sie liegen; **verlegen:** ich verlege, du verlegst, er verlegt, wir verlegen, ihr verlegt, sie verlegen; **finden:** ich finde, du findest, er findet, wir finden, ihr findet, sie finden

161 ★☆☆ Ein anderer Ton

Kreuze an, bei welchen Aussagen es sich um die Befehlsform (den Imperativ) handelt.

a) Gib mir das Buch!

b) Könntest du mir das Buch geben?

c) Wärst du vielleicht so lieb und würdest mir bitte das Buch geben?

d) Gib das Buch sofort her!

e) Behalte das Buch doch!

f) Du könntest deine Tasse auch behalten.

g) Wozu brauchst du die Tasse eigentlich?

h) Ich habe dich etwas gefragt.

i) Antworte mir!

162 ★★☆ Hör zu!

Der Imperativ wird benutzt, um Befehle zu formulieren. Formuliere kurze Imperativsätze zu den Wünschen von Natascha.

Natascha wünscht sich, dass Helga ihr eine Tasse reicht und sagt:
„Reich (oder: Reiche) mir eine Tasse!“

a) Natascha wünscht sich, dass Stella ihr einen Tee kocht und sagt:

____

b) Natascha wünscht, dass Bello ihr aus dem Weg geht und sagt:

____

c) Natascha wünscht, dass Alina Nudeln kauft und sagt:

____

161 a), d), e), i)
162 a) „Koch (oder: Koche) mir einen Tee!“; **b)** „Geh (oder: Gehe) mir aus dem Weg!“; **c)** „Kauf (oder: Kaufe) Nudeln!“

163 ★★☆ Geh endlich mit dem Hund spazieren!

Pat wollte schon immer einen Hund und hat zu ihrem letzten Geburtstag nun endlich einen Husky bekommen. Ein Husky braucht viel Pflege und Pats Eltern erinnern Pat immer wieder daran, was zu tun ist. Wandle die folgenden Aussagen in Imperative um.

Pats Eltern erinnern Pat daran, dass sie

mit dem Hund spazieren gehen muss.

Geh (oder: Gehe) mit dem Hund spazieren!

a) den Hund füttern muss.

---

b) mit dem Hund spielen muss.

---

c) den Hund bürsten muss.

---

164 ★★★ Fahrt zum Tierarzt!

Es macht viel Spaß, einen Hund zu haben, aber manche Aufgaben kann Pat noch nicht alleine erledigen. Ihre Eltern helfen ihr dabei, aber Pat muss sie oft daran erinnern. Wandle folgende Aussagen in den Imperativ um.

Pat erinnert ihre Eltern daran, dass

der Hund zum Tierarzt muss.

Fahrt mit dem Hund zum Tierarzt!

a) die Eltern neues Futtern kaufen müssen.

---

b) Pat und ihr Husky zur Hundeschule gefahren werden müssen.

---

163 a) Füttere (oder: Fütter) den Hund! **b)** Spiel (oder: Spiele) mit dem Hund! **c)** Bürste den Hund!
164 a) Kauft neues Futter! **b)** Fahrt den Hund und mich zur Hundeschule!

165 ★☆☆ Die Gegenwart, das Präsens

Die Verben stehen alle in der Vergangenheit. Wandle sie in die Gegenwart, das Präsens, um.

a) ich ging ____________ **b)** du gingst ____________

c) es ging ____________ **d)** wir gingen ____________

e) ihr gingt ____________ **f)** sie gingen ____________

g) ich sagte ____________ **h)** du sagtest ____________

i) sie sagte ____________ **j)** wir sagten ____________

k) ihr sagtet ____________ **l)** sie sagten ____________

166 ★☆☆ Was passiert jetzt?

Kreuze an, welche Sätze im Präsens stehen.

a) Das Auto fuhr über die Kreuzung. ○

b) Der Hund bellt. ○

c) Die Frau rief. ○

d) Die Katze ist auf den Baum geklettert. ○

e) Die Schule wird morgen wieder beginnen. ○

f) Die Menschen gehen spazieren. ○

g) Jetzt scheint die Sonne. ○

h) Gestern schien die Sonne. ○

i) Heute hat es schon geregnet. ○

j) Es hatte geregnet. ○

k) Es hätte regnen können. ○

165 a) ich gehe, **b)** du gehst, **c)** es geht, **d)** wir gehen, **e)** ihr geht, **f)** sie gehen; **g)** ich sage, **h)** du sagst, **i)** sie sagt, **j)** wir sagen, **k)** ihr sagt, **l)** sie sagen
166 b) Der Hund bellt. **f)** Die Menschen gehen spazieren. **g)** Jetzt scheint die Sonne.

167 ★★☆ Jetzt und früher

Verben zeigen nicht nur die handelnde Person an, sondern auch die Zeit, in der etwas geschieht. Erzähle Berrits Geschichte so, als wärst du gerade dabei. Als Zeit musst du das Präsens verwenden.

Berrit war auf dem Schulweg, da sah sie ein riesiges Auto um die Ecke fahren. Offenbar transportierte es sehr wichtige Personen zu einem Termin. Auf einmal hielt das Auto dicht neben ihr, der Fahrer ließ die Scheibe herunter und fragte Berrit, wo die Konzerthalle ist. Berrit erinnerte sich an die vielen Plakate. In der Limousine saß sicherlich die bekannte Band, die auf den Plakaten abgebildet war.

168 ★★☆ Im Hier und Jetzt

Setze die Sätze ins Präsens.

a) Bärbel ist mit dem Hund spazieren gegangen.

b) Kaja wird im August in Urlaub fahren.

c) Henning hatte um Hilfe gebeten.

167 Berrit ist auf dem Schulweg, da sieht sie ein riesiges Auto um die Ecke fahren. Offenbar transportiert es sehr wichtige Personen zu einem Termin. Auf einmal hält das Auto dicht neben ihr, der Fahrer lässt die Scheibe herunter und fragt Berrit, wo die Konzerthalle ist. Berrit erinnert sich an die vielen Plakate. In der Limousine sitzt sicherlich die bekannte Band, die auf den Plakaten abgebildet ist.

168 a) Bärbel geht mit dem Hund spazieren. **b)** Kaja fährt im August in Urlaub. **c)** Henning bittet um Hilfe.

169 ★☆☆ Was war am 30. Februar 1975?

Ordne die unterstrichenen Wörter in die Tabelle ein.

Die Kinder der zweiten Klasse nehmen diese Woche die Monate im Sachunterricht durch. Am Mittagstisch fragt der Vater den kleinen Florian: „Wie war es heute in der Schule?" „Wir erfuhren viel über die zwölf Monate", antwortet Florian. „Was gab euch der Lehrer denn als Hausaufgabe auf?", fragt der Vater. „Wir sollen herausfinden, welche berühmte Person am 30. Februar 1975 zur Welt kam", sagt da Florian.
Weißt du es?

Verben im Präteritum	Verben in anderen Zeiten

170 ★☆☆ Paul, der Besserwisser

Paul glaubt, wieder einmal alles zu wissen. Überprüfe seine Aussagen.

a) Das Präteritum ist das Erzähltempus.

richtig ○ falsch ○

b) Das Präteritum ist die unvollendete Vergangenheit.

richtig ○ falsch ○

c) Das Präteritum ist ein anderes Wort für Präsens.

richtig ○ falsch ○

169 Verben im Präteritum: war, erfuhren, gab … auf, kam;
Verben in anderen Zeiten: durchnehmen, fragt, antwortet, fragt, sollen, herausfinden, sagt, weißt
→ Keine berühmte Person kam am 30. Februar 1975 zur Welt, da der Februar nur 28 Tage hat (bzw. 29, wenn es ein Schaltjahr ist).
170 a) richtig; **b)** falsch; **c)** falsch

171 ★☆☆ Menschen in der Vergangenheit I

In dem Text stehen alle Verben entweder im Präsens (Gegenwart) oder im Präteritum (Vergangenheit). Unterstreiche alle Verben, die im Präsens stehen, und alle Verben, die im Präteritum stehen, mit unterschiedlichen Farben.

Tim schaut sich gerne Berichte über die Vergangenheit im Fernsehen an. Dabei erfährt er, wie die Menschen damals lebten. Vor einigen Tagen sah Tim einen Bericht über das Mittelalter. Die Menschen hatten damals viel mehr Probleme mit Krankheiten als heute. Dass wir damit heute weniger Probleme haben, liegt sicher auch daran, dass die Medizin heute viel weiter ist. Tim liest im Fernsehprogramm, dass morgen ein Bericht über die Steinzeit im Fernsehen läuft. Er erfährt dann, wie die Menschen in der Steinzeit Werkzeuge herstellten.

172 ★★☆ Menschen in der Vergangenheit II

Bilde nun mit jedem Verb im Präteritum aus dem Kurztest 171 einen neuen Satz.

171 Verben im Präsens: schaut an, erfährt, haben, liegt, ist, liest, läuft, erfährt;
Verben im Präteritum: lebten, sah, hatten, herstellten

173 ★★☆ Gruselig

Setze in dem folgenden Text die Verben ins Präteritum.

Ich **(a)** ____________ (gehen) die Treppe zum Keller hinunter.

Es **(b)** ____________ (sein) stockfinster.

Weil ich nichts **(c)** ____________ (sehen), **(d)** ________________ (müssen)

ich mich an der Wand entlangtasten.

Tief aus der Dunkelheit **(e)** ______________ (hören) ich schreckliche Geräusche.

(f) ______________ (leben) dort unten ein Kellermonster?

174 ★★☆ Zurück in die Steinzeit

Tim sieht im Fernsehen eine Reportage über die Steinzeit. Später berichtet er seinem Großvater, wie die Menschen in der Vergangenheit lebten. Wandle die Sätze in die Vergangenheit um.

a) In der Steinzeit stellen die Menschen ihre Werkzeuge selbst her.

____

b) Sie stellen Pfeilspitzen aus Steinen her.

____

c) Diese binden sie an einen Stock.

____

d) Damit jagen sie Tiere.

____

173 (a) ging; **(b)** war; **(c)** sah; **(d)** musste; **(e)** hörte; **(f)** Lebte
174 a) In der Steinzeit **stellten** die Menschen ihre Werkzeuge selbst **her**. **b)** Sie **stellten** Pfeilspitzen aus Steinen **her**.
c) Diese **banden** sie an einen Stock. **d)** Damit **jagten** sie Tiere.

175 ★☆☆ Paul, der Besserwisser

Paul glaubt, wieder einmal alles zu wissen. Überprüfe seine Aussagen.

a) Das Perfekt ist die vollendete Vergangenheit.

richtig ○ falsch ○

b) Das Perfekt ist die unvollendete Vergangenheit.

richtig ○ falsch ○

c) Das Perfekt handelt von dem, was in der Zukunft passiert.

richtig ○ falsch ○

d) Das Perfekt wird oft beim mündlichen Erzählen verwendet.

richtig ○ falsch ○

e) Das Perfekt bildet man aus einer Präsensform von haben/sein und dem Partizip II des Verbs.

richtig ○ falsch ○

f) Das Perfekt bildet man aus einer Präteritumform von haben/sein und dem Partizip II des Verbs.

richtig ○ falsch ○

176 ★☆☆ Ferdinand erzählt vom Feriencamp

Unterstreiche alle Sätze, die in der Vergangenheit stehen.

Das Feriencamp ist eine tolle Sache. Hier können zum Beispiel Kinder, deren Eltern nicht so viel Geld haben, alleine Urlaub machen. Wir haben uns alle gut verstanden. Viele haben sogar richtig gute Freunde gefunden. Besonders die gemeinsamen Ausflüge haben Spaß gemacht. Nächstes Jahr will ich wieder ins Feriencamp.

174 a) falsch; **b)** richtig; **c)** falsch; **d)** richtig; **e)** richtig; **f)** falsch

175 Das Feriencamp ist eine tolle Sache. Hier können z. B. Kinder, deren Eltern nicht so viel Geld haben, alleine Urlaub machen. Wir haben uns alle gut verstanden. Viele haben sogar richtig gute Freunde gefunden. Besonders die gemeinsamen Ausflüge haben Spaß gemacht. Nächstes Jahr will ich wieder ins Feriencamp.

177 ★☆☆ Nobody is „perfect“ I

Auf Anjas Geburtstagsfeier ist das Chaos ausgebrochen, denn den meisten Gästen ist ein Missgeschick passiert. Unterstreiche in jedem Satz das Verb im Perfekt.

a) Tom hat ein Glas mit Saft umgeworfen.

b) Helga ist in die Torte gefallen.

c) Sonja hat sich mit Ketchup bekleckert.

d) Hans ist gegen den Topf mit den Würstchen gerannt.

e) Kai hat sich in den Tomatensalat gesetzt.

f) Paula hat den Putzeimer über Rita ausgeleert.

g) Achmet hat den Tellerstapel umgeworfen.

h) Erik ist durch das Rosenbeet getrampelt.

178 ★★☆ Nobody is „perfect“ II

Setze in folgendem Text die Perfektform des in Klammern angegebenen Verbs ein.

a) Stefanie __________ sich an der Tischdecke ______________________________. (festhalten)

b) Hanna __________ Kerzenwachs auf den Teppich ______________________________. (schütten)

c) Caroline __________ den Wellensittich ______________________________. (freilassen)

d) Holger __________ gegen die antike Vase ______________________________.(laufen)

176 a) hat umgeworfen; **b)** ist gefallen; **c** hat bekleckert; **d)** ist gerannt; **e)** hat gesetzt; **f)** hat ausgeleert;
g) hat umgeworfen; **h)** ist getrampelt
177 a) hat festgehalten; **b)** hat geschüttet; **c)** hat freigelassen; **d)** ist gelaufen

179 ★★☆ Vergangenheit ist nicht gleich Vergangenheit

Alle folgenden Sätze handeln von der Vergangenheit. Kreuze die an, die im Perfekt stehen.

a) Gestern war ich in der Schule.

b) Gestern war ich in der Schule gewesen.

c) Gestern bin ich in der Schule gewesen.

d) In der ersten Stunde haben wir Mathe gehabt.

e) In der ersten Stunde hatten wir Mathe gehabt.

f) In der ersten Stunde hatten wir Mathe.

g) Ich habe den Bus verpasst.

h) Ich verpasste den Bus.

i) Ich hatte den Bus verpasst.

180 ★★★ Erinnerst du dich?

Erinnerst du dich noch, was auf Anjas Geburtstagsparty los war? (Siehe Kurztest 177 und 178) Erzähle im Perfekt, welche Missgeschicke Anjas Freunden passiert sind. Schau dann nach, ob du dich richtig erinnert hast.

179 c), d), g)

181 ★☆☆ Paul, der Besserwisser

Vielleicht kennst du Paul schon. Paul glaubt immer, alles zu wissen, weiß aber nicht so viel, wie er glaubt. Darum muss man seine Aussagen genau überprüfen.

a) Das Plusquamperfekt ist eine Präsensform.

richtig ○ falsch ○

b) Das Plusquamperfekt ist die vollendete Vergangenheit.

richtig ○ falsch ○

c) Das Plusquamperfekt ist die unvollendete Vergangenheit.

richtig ○ falsch ○

d) Das Plusquamperfekt ist unwichtig.

richtig ○ falsch ○

e) Das Plusquamperfekt bildet man aus einer Präsensform von haben/sein und dem Partizip II des Verbs.

richtig ○ falsch ○

f) Das Plusquamperfekt bildet man aus einer Präteritumform von haben/sein und dem Partizip II des Verbs.

richtig ○ falsch ○

182 ★☆☆ Noch früher als früher

Schreibe die Formen auf, die im Plusquamperfekt stehen.

a) er war gelaufen, **b)** es hat geregnet, **c)** es hatte geregnet, **d)** wir singen, **e)** du warst gelaufen, **f)** sie konnte, **g)** ihr habt gerufen, **h)** sie hatten gesagt, **i)** er lief, **j)** du hattest geschlafen, **k)** ich schreibe

---

---

181 a) falsch; **b)** richtig; **c)** falsch; **d)** falsch; **e)** falsch; **f)** richtig

182 a) er war gelaufen, **c)** es hatte geregnet, **e)** du warst gelaufen, **h)** sie hatten gesagt, **j)** du hattest geschlafen

183 ★★☆ Wann steht das Plusquamperfekt?

Das Plusquamperfekt wird verwendet, wenn etwas in der Vergangenheit angefangen und auch in der Vergangenheit aufgehört hat.
Bevor auf Anjas Geburtstagsfeier alles durcheinandergeriet, war alles in bester Ordnung gewesen. Unterstreiche die Verben, die im Plusquamperfekt stehen.
(Tipp: Das Verb im Plusquamperfekt besteht immer aus zwei Teilen, nämlich aus der Präteritumform von sein/haben und dem Partizip II des Handlungsverbs.)

a) Bevor Tom das Saftglas umgeworfen hat, hatte er über Stefanies Witz gelacht.

b) Bevor Helga in die Torte gefallen ist, hatte sie Hanna auf die Schulter geklopft.

c) Nachdem Sonja mit Andy gemalt hatte, hat sie sich mit Ketschup bekleckert.

d) Nachdem Hans mit Caroline den Wellensittich gefüttert hatte, ist er gegen den Würstchentopf gerannt.

e) Bevor sich Kai in den Tomatensalat gesetzt hat, hatte er mit Holger die antike Vase bewundert.

184 ★★★ Anja erzählt von ihrer Geburtstagsfeier

Anja ist nach ihrer Geburtstagsfeier ganz aufgeregt und erzählt alles ihrer Tante.
Setze die Plusquamperfektform des Verbs ein, das in Klammern steht.

Tom *hatte* ein Glas mit Saft *umgeworfen*. (umwerfen)

a) Caroline ______________ den Wellensittich ______________________________. (freilassen)

b) Holger ______________ gegen die antike Vase ______________________________. (laufen)

c) Kai ______________ sich in den Tomatensalat ______________________________. (setzen)

d) Sonja ______________ sich mit Ketschup ______________________________. (bekleckern)

183 a) Bevor Tom das Saftglas umgeworfen hat, hatte er über Stefanies Witz gelacht. **b)** Bevor Helga in die Torte gefallen ist, hatte sie Hanna auf die Schulter geklopft. **c)** Nachdem Sonja mit Andy gemalt hatte, hat sie sich mit Ketschup bekleckert. **d)** Nachdem Hans mit Caroline den Wellensittich gefüttert hatte, ist er gegen den Würstchentopf gerannt. **e)** Bevor sich Kai in den Tomatensalat gesetzt hat, hatte er mit Holger die antike Vase bewundert.

184 a) hatte freigelassen, **b)** war gelaufen, **c)** hatte gesetzt, **d)** hatte bekleckert

185 ★★☆ Die richtige Reihenfolge

Kreuze diejenigen Sätze an, in denen das Plusquamperfekt richtig verwendet wurde.

a) Bevor ich mit dem Hund beim Tierarzt gewesen war, habe ich ihn beruhigt.

richtig ○ falsch ○

b) Nachdem ich mit dem Hund beim Tierarzt gewesen war, haben wir einen ausgiebigen Spaziergang gemacht.

richtig ○ falsch ○

c) Bevor meine Schwester den Führerschein gemacht hat, war sie häufiger mit dem Fahrrad unterwegs gewesen.

richtig ○ falsch ○

d) Nachdem meine Schwester den Führerschein bestanden hat, war sie meistens mit dem Auto gefahren.

richtig ○ falsch ○

186 ★★★ Vor- und Nachzeitigkeit im Satz

Bilde nun selbst aus den vorgegebenen Informationen Sätze, in denen du das Perfekt und das Plusquamperfekt verwendest.

Monika – 15.00 Uhr Klavierunterricht – 17.00 Uhr Treffen mit Stefan

Nachdem Monika Klavierunterricht gehabt hatte, hat sie Stefan getroffen.

a) Jessica – 14.00 Uhr Reitstunde – 18.00 Uhr Besuch von Oma bekommen

____

____

b) Torsten – 17.00 Uhr zum Nachhilfeunterricht gehen – 14.00 Handballtraining

____

____

185 a) falsch; **b)** richtig; **c)** richtig; **d)** falsch

186 a) Nachdem Jessica Reitstunde gehabt hatte, hat sie Besuch von Oma bekommen. **b)** Nachdem Torsten Handballtraining gehabt hatte, ist er zum Nachhilfeunterricht gegangen.

187 ★☆☆ Paul, der Besserwisser

Überprüfe die Aussagen deines alten Bekannten Paul über das Futur, die Zukunft.

a) Das Futur ist eine der drei Vergangenheiten.

richtig ○ falsch ○

b) Das Futur verwendet man, um zu sagen, was in der Zukunft passieren wird.

richtig ○ falsch ○

c) Das Futur wird gebildet mit einer Vergangenheitsform von haben/sein und dem Partizip II des Verbs.

richtig ○ falsch ○

d) Das Futur wird gebildet mit einer Form von werden und dem Partizip II.

richtig ○ falsch ○

e) Das Futur wird gebildet mit einer Form von werden und dem Infinitiv.

richtig ○ falsch ○

188 ★☆☆ Der kommende Familienurlaub

Familie Hansen diskutiert den Zielort des nächsten Urlaubs. Unterstreiche alle Futurformen.

Jojo: „Wir werden nach Spanien fahren. Dort werden wir jeden Tag am Strand liegen und wir werden uns wunderbar entspannen." Pia: „Ich werde mich nicht noch einmal in ein Flugzeug setzen. Wir werden Urlaub machen, wo man problemlos mit dem Reisebus hinkommt. Wir werden nach Belgien fahren. Dort werden wir uns das Land anschauen." Kai: „Ich werde hierbleiben, wenn die Streiterei nicht aufhört!"

187 a) falsch; **b)** richtig; **c)** falsch; **d)** falsch; **e)** richtig

188 Jojo: „Wir werden nach Spanien fahren. Dort werden wir jeden Tag am Strand liegen und wir werden uns wunderbar entspannen." Pia: „Ich werde mich nicht noch einmal in ein Flugzeug setzen. Wir werden Urlaub machen, wo man problemlos mit dem Reisebus hinkommt. Wir werden nach Belgien fahren. Dort werden wir uns das Land anschauen." Kai: „Ich werde hierbleiben, wenn die Streiterei nicht aufhört!"

189 ★★☆ Wenn ich erwachsen bin I

Jonas und Bianca unterhalten sich oft darüber, was sein wird, wenn sie erwachsen sind. Dabei kommen sie auf gute Ideen. Fülle die Lücken im Text mit dem Verb in Klammern aus und verwende dabei das Futur, die Zukunft.

(a) Bianca: „Wenn ich erwachsen bin, ______________ ich einen Park zum Schutz aller seltenen Tiere ______________." (gründen)

(b) Jonas: „Wenn ich erwachsen bin, ______________ ich ein Auto ______________ (erfinden), das die Umwelt nicht verschmutzt."

(c) Bianca: „Wenn ich erwachsen bin, ______________ ich eine Maschine ______________ (bauen), die die Luft reinigt."

190 ★★☆ Wenn ich erwachsen bin II

Jonas stellt sich nicht nur vor, was er tun wird, sondern auch, was die Menschen in seinem Umfeld tun werden. Wandle die folgenden Sätze in Futursätze um.

a) Ich erfinde ein Auto, das der Umwelt nicht schadet.

____

b) Du, Bianca, entdeckst, wie man Müll vermeiden kann.

____

c) Mein Bruder erforscht den Klimawandel.

____

d) Wir sorgen uns um die Umwelt.

____

e) Ihr, liebe Eltern, lernt viel.

____

189 (a) werde gründen; **(b)** werde erfinden; **(c)** werde bauen
190 a) Ich werde ein Auto erfinden, … **b)** Du, Bianca, wirst entdecken, … **c)** Mein Bruder wird den Klimawandel erforschen. **d)** Wir werden uns um die Umwelt sorgen. **e)** Ihr, liebe Eltern, werdet viel lernen.

191 ★★★ Verben bestimmen

Schreibe in die Klammern hinter die Verben, in welcher Person und in welcher Zeit sie stehen.

Johannes liest (3. Pers. Sg. Präsens) gerne Bücher über Dinosaurier. Er hat sich schon für die urzeitlichen Wesen interessiert **(a)** (__________), als er noch gar nicht lesen konnte **(b)** (__________). Seine Großeltern hatten ihm damals vorgelesen **(c)** (__________). Wenn heute die Großeltern zu Besuch kommen, erinnern **(d)** (__________) sich alle an diese Zeit. Johannes sagt dann zu seinem Großvater, den er sehr gerne hat: „Weißt **(e)** (__________) du, wie der größte Raubsaurier heißt?" Der Großvater antwortet dann mit einem Lächeln im Gesicht: „Ihr jungen Leute könnt **(f)** (__________) euch solche Dinge merken. Ich bin zu alt dafür." Johannes sagt dann: „Wir waren **(g)** (__________) alle jünger und auch du wirst dir merken **(h)** (__________), wie der größte Raubsaurier heißt. Ich werde dich, wenn wir uns das nächste Mal sehen, wieder danach fragen **(i)** (__________)."

192 ★★☆ Verben konjugieren

Bilde mit den angegebenen Informationen drei kurze Sätze.

a) 2. Pers. Pl. Präteritum (haben) __________

b) 3. Pers. Sg. Futur (aufpassen) __________

c) 2. Pers. Sg. Plusquamperfekt (gehen) __________

____

191 (a) 3. Pers. Sg. Perfekt; **(b)** 3. Pers. Sg. Präteritum; **(c)** 3. Pers. Pl. Plusquamperfekt; **(d)** 3. Pers. Pl. Präsens; **(e)** 2. Pers. Sg. Präsens; **(f)** 2. Pers. Pl. Präsens; **(g)** 1. Pers. Pl. Präteritum; **(h)** 2. Pers. Sg. Futur; **(i)** 1. Pers. Sg. Futur/1. Pers. Pl. Präsens

192 a) Ihr hattet … **b)** Er wird aufpassen … **c)** Du warst gegangen …

193 ★★☆ Kennenlernen

Josefine erzählt ihrer Mutter immer von ihrer besten Freundin Lisa. Setze in diesem Dialog passende Verben ein.

Josefine sagt: „Lisa und ich **(a)** ____________________ gemeinsam in eine Klasse. Letztes Jahr **(b)** ____________________ Lisa noch in Wittlich, bevor sie nach Berlin **(c)** ____________________. Wittlich **(d)** ____________________ viel, viel kleiner als Berlin. Da **(e)** ____________________ sich alle Leute." Die Mutter, die Lisa noch gar nicht **(f)** ____________________, antwortet: **(g)** „____________________ Lisa doch einfach mal mit. Ich **(h)** ____________________ doch wissen, wer deine beste Freundin **(i)** ____________________. Ihr **(j)** ____________________ einfach morgen nach der Schule gemeinsam hierher und abends **(k)** ____________________ ich Lisa nach Hause."

194 ★★☆ Unfertige Sätze

Verbinde die richtigen Sätze miteinander.

a) Mit Verben beschreibt man	**1)** die Gegenwart.
b) Verben werden	**2)** in der Zukunft geschieht.
c) Das Futur drückt aus, was	**3)** dekliniert.
d) Das Präsens ist	**4)** Tätigkeiten.
e) Verben werden nicht	**5)** den Imperativ.
f) Befiehlt man jemandem etwas, so nennt man dies	**6)** drei.
g) Es gibt mehrere Vergangenheiten, nämlich	**7)** konjugiert.

193 (a) gehen; **(b)** lebte/wohnte; **(c)** gekommen ist; **(d)** ist; **(e)** kennen; **(f)** kennt; **(g)** Bring; **(h)** möchte/will; **(i)** ist; **(j)** kommt; **(k)** bringe
194 a)-4) Tätigkeiten; **b)-7)** … konjugiert; **c)-2)** … in der Zukunft geschieht; **d)-1)** … die Gegenwart; **e)-3)** … dekliniert; **f)-5)** … Imperativ; **g)-6)** drei (Perfekt, Präteritum, Plusquamperfekt)

195 ★★☆ Zeiten über Zeiten

Ordne die folgenden Formen ihrem Platz in der Tabelle zu.

du wirst gehen, wir sehen, ich habe gelacht, sie schrie, du hattest gerufen, ihr seid gegangen, ich schreibe, wir hatten geschlafen, ihr hattet, es ist gelaufen, ihr werdet lachen, sie waren gerannt, ich las, du hast gespielt, er kocht, ich werde schwimmen, ich hatte geweint, wir werden sagen, sie lernten, du schriest, du kaufst, sie hatte geschlafen, sie werden fahren, wir sind gerannt, sie waschen, ihr wart gelaufen, sie haben gegessen, wir holten, ihr ruft, er wird waschen

	Präsens	Präteritum	Perfekt	Plusquamperfekt	Futur
1. Pers. Sg.					
2. Pers. Sg.					*du wirst gehen*
3. Pers. Sg.					
1. Pers. Pl.					
2. Pers. Pl.					
3. Pers. Pl.					

196 ★★★ Hast du noch Zeit?

Setze das Verb *genießen* in die angegebenen Formen.

a) 1. Pers. Sg. Präteritum ____________________

1. Pers. Pl. Präsens ____________________

b) 1. Pers. Sg. Perfekt ____________________

2. Pers. Pl. Futur ____________________

c) 3. Pers. Pl. Präsens ____________________

3. Pers. Sg. Futur ____________________

195 1. Pers. Sg.: ich schreibe, ich las, ich habe gelacht, ich hatte geweint, ich werde schwimmen
2. Pers. Sg.: du kaufst, du schriest, du hast gespielt, du hattest gerufen, du wirst gehen
3. Pers. Sg.: er kocht, sie schrie, es ist gelaufen, sie hatte geschlafen, er wird waschen
1. Pers. Pl.: wir sehen, wir holten, wir sind gerannt, wir hatten geschlafen, wir werden sagen
2. Pers. Pl.: ihr ruft, ihr hattet, ihr seid gegangen, ihr wart gelaufen, ihr werdet lachen
3. Pers. Pl.: sie waschen, sie lernten, sie haben gegessen, sie waren gerannt, sie werden fahren
196 a) ich genoss, wir genießen; **b)** ich habe genossen, ihr werdet genießen; **c)** sie genießen, er/sie/es wird genießen

197 ★☆☆ Auslachen und ausgelacht werden

Verben können im Aktiv und im Passiv verwendet werden. Wie du weißt, steht beim Aktiv das handelnde Subjekt im Vordergrund, beim Passiv rückt das Geschehen in den Vordergrund. Unterstreiche alle Passivformen.

a) Peter wird ausgelacht, weil er schusselig ist, und Peter lacht Erik aus, weil er beim Schreiben immer der langsamste Schüler ist.

b) Erik wird ausgelacht, weil er langsam ist, er lacht aber Claudia aus, weil sie sich oft mit Tinte beschmiert.

c) Claudia wird ausgelacht, weil sie sich oft mit Tinte beschmiert, sie lacht aber auch Kevin aus, weil er meistens falsch singt.

d) Kevin wird ausgelacht, weil er falsch singt, er lacht aber auch Peter aus, weil er schusselig ist.

198 ★☆☆ Bewundert werden

Zum Glück lachen sich Peter, Erik, Claudia und Kevin nicht nur aus, sondern jeder wird auch für etwas bewundert, das er ganz besonders gut kann. Bilde mit den angegebenen Informationen Sätze, die das Verb *bewundern* im Passiv enthalten.

Peter/Klavier
Peter wird bewundert, weil er besonders gut Klavier spielen kann.

a) Erik/Mathematik

______

b) Claudia/Fußball

______

c) Kevin/Karate

______

197 a) Peter wird ausgelacht …; **b)** Erik wird ausgelacht …; **c)** Claudia wird ausgelacht …; **d)** Kevin wird ausgelacht …;
198 a) Erik wird bewundert, weil er gut in Mathematik ist. **b)** Claudia wird bewundert, weil sie gut Fußball spielt.
c) Kevin wird bewundert, weil er Karate kann.

199 ★★☆ Starke Verben

Es gibt starke und schwache Verben. Die starken ändern im Präteritum ihren Wortstamm, die schwachen sind regelmäßig. Unterstreiche in folgendem Text alle starken Verben. Denk daran, dass du hierfür wissen musst, wie das Präteritum gebildet wird.

Pia und Jasmin gehen gemeinsam in eine Klasse. Pia ist stark und Jasmin ist schlau.

Gemeinsam sind sie unschlagbar. Pia hilft Jasmin beim Tragen schwerer Dinge, Jasmin erklärt

Pia dafür Mathe. Wenn Pia Mathe verstanden hat, fordert Pia Jasmin zum Armdrücken heraus.

Mit der Zeit wird Pia immer schlauer und Jasmin immer stärker.

200 ★★☆ Echt stark?

Manfred, der Muskelmann, hat im Deutschunterricht nicht so gut aufgepasst. Er behauptet, dass alle Verben genauso stark sind wie er. Überprüfe, ob seine Behauptung stimmt. Sind alle Verben starke Verben?

a) schreiben
richtig ○ falsch ○

b) staunen
richtig ○ falsch ○

c) träumen
richtig ○ falsch ○

d) stehlen
richtig ○ falsch ○

e) hoffen
richtig ○ falsch ○

f) tragen
richtig ○ falsch ○

g) trauen
richtig ○ falsch ○

h) fühlen
richtig ○ falsch ○

i) glauben
richtig ○ falsch ○

j) lügen
richtig ○ falsch ○

199 Pia und Jasmin gehen gemeinsam in eine Klasse. Pia ist stark und Jasmin ist schlau. Gemeinsam sind sie unschlagbar. Pia hilft Jasmin beim Tragen schwerer Dinge, Jasmin erklärt Pia dafür Mathe. Wenn Pia Mathe verstanden hat, fordert Pia Jasmin zum Armdrücken heraus. Mit der Zeit wird Pia immer schlauer und Jasmin immer stärker.

200 a) richtig; **b)** falsch; **c)** falsch; **d)** richtig; **e)** falsch; **f)** richtig; **g)** falsch; **h)** falsch; **i)** falsch; **j)** richtig

201 ★☆☆ Das richtige Gefühl

Am liebsten schreibt Maximilian Ansichtskarten, während er im Auto sitzt und auf die Ankunft warten muss. Leider ist er durch die Landschaft abgelenkt und bringt einiges durcheinander. Untersteiche alle Adjektive, die hier nicht passen.

Lieber Markus,

ich sende dir luxuriöse Grüße aus dem lieben Süden Europas. Wir hatten eine

gute Reise und sind in einem seltenen Hotel untergebracht.

Besonders gut gefällt mir der exotische Swimmingpool. Aufregender ist es natürlich am

Strand. Dort kann man oft sonnige Pflanzen betrachten und Tiere beobachten, die in

Nord- und Mitteleuropa riesig sind. Unglücklicherweise ist der Urlaub bald vorbei und

wir müssen wieder in die Schule.

Dein Maximilian

202 ★★☆ Für das richtige Adjektiv

Hilf Maximilian, das Chaos auf der Postkarte in den Griff zu bekommen. Setze die Adjektive, die du oben (in Kurztest 201) unterstrichen hast, in den folgenden Text sinnvoll ein.

Lieber Markus,

ich sende dir **(a)** ______________ Grüße aus dem **(b)** ______________ Süden

Europas. Wir hatten eine gute Reise und sind in einem **(c)** ______________ Hotel

untergebracht. Besonders gut gefällt mir der **(d)** ______________ Swimmingpool.

Aufregender ist es natürlich am Strand. Dort kann man oft **(e)** ______________ Pflanzen betrachten und Tiere beobachten, die in Nord- und Mitteleuropa **(f)** ______________

sind. Unglücklicherweise ist der Urlaub bald vorbei und wir müssen wieder in die Schule.

Dein Maximilian

201 Lieber Markus, ich sende dir luxuriöse Grüße aus dem lieben Süden Europas. Wir hatten eine gute Reise und sind in einem seltenen Hotel untergebracht. Besonders gut gefällt mir der exotische Swimmingpool. Aufregender ist es natürlich am Strand. Dort kann man oft sonnige Pflanzen betrachten und Tiere beobachten, die in Nord- und Mitteleuropa riesig sind. Unglücklicherweise ist der Urlaub bald vorbei und wir müssen wieder in die Schule. Dein Maximilian

202 (a) liebe, **(b)** sonnigen, **(c)** luxuriösen, **(d)** riesige, **(e)** exotische, **(f)** selten

203 ★☆☆ Gut, besser oder am besten?

Entscheide, ob es sich um den Positiv, den Komparativ oder den Superlativ handelt.

a) schöner	Positiv	Komparativ	Superlativ
b) weit	Positiv	Komparativ	Superlativ
c) besser	Positiv	Komparativ	Superlativ
d) am größten	Positiv	Komparativ	Superlativ
e) am lautesten	Positiv	Komparativ	Superlativ
f) dümmer	Positiv	Komparativ	Superlativ
g) fauler	Positiv	Komparativ	Superlativ
h) am schnellsten	Positiv	Komparativ	Superlativ

204 ★★☆ Auf dem Sportfest

Setze die passende Adjektivform in die Lücken ein.

Paul hat am Weitsprungwettbewerb teilgenommen und ist sehr **(a)** ____________ gesprungen.

Hanna ist ein Stückchen größer als Anna und ist vielleicht deswegen auch ein Stückchen **(b)** ________________ gesprungen. Finja trainiert seit Jahren schon Weitsprung in einem Leichtathletikverein und ist von allen **(c)** ________________________________ gesprungen. Nikolas hat an einem Wettrennen teilgenommen. Da er als erster im Ziel war, war er **(d)** ______________________________________.

Aber auch Franz war **(e)** ___________________. Christian trödelte die ganze Zeit und war deshalb **(f)** ________________________ als Franz. Christian war sowieso **(g)** ______________________________________, da keiner nach ihm ins Ziel gekommen ist. Am Ende des Tages sind sich aber alle einig: Das Sportfest im letzten Jahr war ja ohne Zweifel **(h)** _____________, aber dieses Jahr war es noch viel **(i)** ___________________.

203 a) Komparativ, **b)** Positiv, **c)** Komparativ, **d)** Superlativ, **e)** Superlativ, **f)** Komparativ, **g)** Komparativ, **h)** Superlativ

204 (a) weit, **(b)** weiter, **(c)** am weitesten, **(d)** am schnellsten, **(e)** schnell, **(f)** langsamer, **(g)** am langsamsten, **(h)** schön, **(i)** schöner

205 ★★☆ Die Siegerehrung

Am Ende eines Sportfests gibt es eine Siegerehrung. Nutze die Informationen, um in einem Satz zu beschreiben, wer gut, wer besser und wer am besten war.

Hochspung: Platz 1 – Anne, Platz 2 – Herbert, Platz 3 – Katja
Katja ist hoch gesprungen, aber Herbert ist höher gesprungen. Am höchsten ist Anne gesprungen.

a) Sprint: Platz 1 – Volker, Platz 2 – Agnes, Platz 3 – Tonja

____

____

b) Weitwurf: Platz 1 – Thorsten, Platz 2 – Ingrid, Platz 3 – Nicole

____

____

206 ★☆☆ Auf dem Rummelplatz

Adjektive verändern ihre Form mit dem Nomen, das sie näher beschreiben.
Passe die Adjektive den Nomen an.

Auf dem Rummelplatz steht dieses Jahr ein **(a)** ____________ (groß) Riesenrad. Wenn man damit fährt, kann man das **(b)** ____________ (bunt) Treiben von oben beobachten. Auch die **(c)** ________ (neu) Achterbahn ist eine Attraktion. Am schönsten auf dem Rummel ist aber die **(d)** ____________________ (dreistöckig) Geisterbahn, in der es viele **(e)** ________________________ (unterschiedlich) Gestalten zu sehen gibt. Nächstes Jahr wird es wieder einen **(f)** __________ (schön) Rummel in unserer **(g)** ______________ (klein) Stadt geben. Wir müssen aber leider noch ein **(h)** ____________ (ganz) Jahr darauf warten.

205 a) Tonja ist schnell gelaufen, aber Agnes ist schneller gelaufen. Am schnellsten ist Volker gelaufen. **b)** Nicole hat weit geworfen, aber Ingrid hat weiter geworfen. Am weitesten hat Thorsten geworfen.
206 (a) großes; **(b)** bunte; **(c)** neue; **(d)** dreistöckige; **(e)** unterschiedliche; **(f)** schönen; **(g)** kleinen; **(h)** ganzes

207 ★★☆ Im Freibad

In welchem Kasus stehen die unterstrichenen Adjektive?

a) Sonnige Tage locken viele Leute in das Freibad.

Nominativ Genitiv Dativ Akkusativ

b) Das Wasser verschafft dann eine schöne Abkühlung.

Nominativ Genitiv Dativ Akkusativ

c) Man sieht junge Mütter mit ihren Kindern.

Nominativ Genitiv Dativ Akkusativ

d) Johannes bittet seinen besten Freund, ihn auf den Sprungturm zu begleiten.

Nominativ Genitiv Dativ Akkusativ

e) Einem guten Freund kann man eine Bitte natürlich nicht abschlagen.

Nominativ Genitiv Dativ Akkusativ

208 ★★☆ Im Hallenbad

Setze die passende Adjektivform ein.

Akkusativ, warm
Die *warme* Luft kann man schon am Eingang fühlen.

a) Genitiv, klein

Die Handtücher der ____________ Kinder sind ganz nass geworden.

b) Nominativ, weiß

Der ____________ Boden des Schwimmbeckens ist durch das Wasser kaum zu sehen.

c) Akkusativ, neu

Janina hat ihre ____________ Badelatschen zu Hause vergessen.

207 a) Nominativ; **b)** Akkusativ; **c)** Akkusativ; **d)** Akkusativ; **e)** Dativ
208 a) der kleinen Kinder; **b)** der weiße Boden; **c)** ihre neuen Badelatschen

209 ★☆☆ Inspektor Scharfsinn, der dusselige Polizist

Inspektor Scharfsinn ist ein seltsamer Polizist. Ständig kommt er zur falschen Zeit an den Tatort. Hilf ihm, sich besser zu organisieren, und unterstreiche alle Wörter, die eine Angabe zur Zeit machen.

Der Mord geschah heute Morgen. Gestern kam es zu einer Schlägerei in einer Gastwirtschaft. Später brach ein Übeltäter in die Villa des Herrn Professor Doktor Steinreich ein. Danach wurde im Museum ein wertvolles Gemälde entwendet. Eben hat ein Dieb alle Computer aus dem Polizeipräsidium gestohlen, aber davor wurde eine Apotheke ausgeraubt. Für morgen ist ein Einbruch im Schloss Wertlos geplant.

210 ★☆☆ Chaos auf dem Präsidium

Inspektor Scharfsinn ist entsetzlich unordentlich. Er weiß nicht mehr, wo sein Notizbuch ist. Unterstreiche alle unveränderbaren Wörter, die eine Angabe zum Ort machen.

Wenn man das Präsidium betritt, sieht man hier und dort einen Kugelschreiber auf dem Boden liegen. Der Schreibtisch steht am Fenster. Darunter liegt die Brille unseres dusseligen Inspektors. Oben liegen ungeordnet viele Akten über Fälle, die hier in der Stadt passiert sind. Wenn man den Raum betritt, steht vorne ein Stuhl. Dort steht das Frühstück des noch immer hungrigen Inspektors. Ringsherum um den Stuhl stapeln sich alte Zeitungen. Links steht ein großer Schrank. Der Inspektor beteuert immer wieder, dass er sein Notizbuch irgendwohin gelegt hat. Wenn man ganz genau hinschaut, sieht man oben auf dem Schrank ein kleines, grünes Büchlein liegen. Das ist das Notizbuch des Inspektors, der gerade durch das Polizeipräsidium läuft und anderswo sucht.

209 heute Morgen; gestern; später; danach; eben; davor; morgen
210 hier und dort; Darunter; Oben; hier; vorne; Dort; Ringsherum; Links; irgendwohin; oben; anderswo

211 ★★☆ Melanies Wegbeschreibung

Melanie erklärt Serkan, wie man zum Schwimmbad kommt. Setze passende Adverbien in die Lücken des Textes ein. (Es gibt immer mehrere Möglichkeiten.)

__________ biegst du __________ in die Straße ein. Dann gehst du auf der __________ Seite weiter, bis du zu einer Telefonzelle kommst. An der Telefonzelle gehst du vorbei und danach gehst du in die erste Straße, die auf der __________ Seite kommt, hinein. Dann gehst du immer weiter __________, bis die Straße endet. Du kannst nun nur noch rechts oder __________ gehen. __________ geht es hier nicht mehr weiter. Du gehst nun die __________ Straße __________, bis auf der __________ Seite das Schwimmbad zu sehen ist. Es öffnet schon __________, aber wir treffen uns erst mittags dort, gehen dann aber auch erst __________ nach Hause.

212 ★★☆ Was verrät uns das Adverb?

Ordne die Adverbien in die Tabelle ein.

dort, mittags, sehr, deswegen, nicht, schon, hier, jetzt, darum, später, früher, deshalb

Zeit	Ort	Grund	Art und Weise

211 mögliche Adverbien (passen an mehreren Stellen, stehen hier in keiner bestimmten Reihenfolge): zuerst, rechts, rechte, rechten, links, linke, linken, geradeaus, dann, nächste, früh, morgens, abends

212 Zeit: mittags, schon, jetzt, später, früher; **Ort:** dort, hier; **Grund:** deswegen, darum, deshalb; **Art und Weise:** sehr, nicht

213 ★★☆ Auf der Drachenwiese

Gib in Klammern an, ob es sich um ein Adverb der Zeit, des Ortes, des Grundes oder der Art und Weise handelt.

Till ist ein sehr **(a)** (____________________) guter Drachenpilot. Auf der Drachenwiese fühlt er sich richtig wohl, denn hier **(b)** (____________________) kann er alle neuen Tricks ausprobieren. Heute **(c)** (____________________) freut er sich ganz besonders **(d)** (____________________) darauf, nachmittags **(e)** (____________________) auf die Wiese zu gehen, da er seinen neuen Drachen mitgebracht hat. Dieser fliegt besonders weit nach oben **(f)** (____________________). Hoffentlich **(g)** (____________________) sind nicht **(h)** (____________________) so viele Hunde mit ihren Besitzern auf der Wiese, denn die Hunde jagen den Drachen. Deswegen **(i)** (____________________) muss Till immer **(j)** (____________________) sehr **(k)** (____________________) vorsichtig sein.

214 ★★★ Auf dem Minigolfplatz

Auf dem Minigolfplatz finden die diesjährigen Minigolfmeisterschaften der Schule statt. Schreibe auf, was passiert, und verwende so viele Adverbien, wie dir einfallen.

____

____

____

____

____

____

____

____

213 (a) Art und Weise; **(b)** Ort; **(c)** Zeit; **(d)** Art und Weise; **(e)** Zeit; **(f)** Ort; **(g)** Art und Weise; **(h)** Art und Weise; **(i)** Grund; **(j)** Zeit; **(k)** Art und Weise

215 ★☆☆ Im Maislabyrinth

Konjunktionen sind kleine, unveränderbare Wörter. Sie verbinden Wörter, Satzteile oder Sätze miteinander. Unterstreiche in dem Text alle Konjunktionen.

Im Sommer ist das Maislabyrinth ein ganz besonderes Erlebnis, obwohl Mais eigentlich nicht besonders spannend ist. Meine Schwester und ich gehen schon seit Jahren mindestens einmal im Sommer dorthin, ohne dass wir uns jemals langweilen. Der Eintritt ist zum Glück nicht teuer, denn meine Schwester und ich bekommen nicht so viel Taschengeld. Heute ist es wieder soweit und wir laufen durch das riesige Feld. Die Gänge führen schnell in die Irre und es dauert nicht lange, da haben sich meine Schwester und ich auch schon verloren. Nach einiger Zeit finden wir jedoch den Ausgang wieder. Dort ist unser Treffpunkt, um nach Hause zu fahren. Es war wieder einmal richtig schön, denn das Wetter hat auch mitgespielt.

216 ★☆☆ Sauwetter I

Finde die passenden Konjunktionen.

Im November gehen die meisten Menschen nicht gerne vor die Tür, **(a)** ____________ es regnet, hagelt **(b)** ____________ schneit. Da bleibt man lieber zu Hause vor dem Kamin **(c)** ____________ liest ein Buch **(d)** ____________ schaut sich einen Film an. Manche mögen aber gerade das schlechte Wetter, **(e)** ____________ sie dann den Herbst richtig fühlen können. Sie gehen dann nach draußen, **(f)** ____________ es regnet, hagelt **(g)** ____________ schneit. Wenn man die richtige Kleidung trägt, **(h)** ____________ kann auch solch ein Sauwetter richtig Spaß machen. Man kann sich gegen den Wind legen **(i)** ____________ von Pfütze zu Pfütze springen. Jeder Monat kann schön sein.

215 obwohl; und; ohne dass; denn; und; und; und; da; und; um … zu; denn
216 **(a)** da/weil/denn; **(b)** und/oder; **(c)** und; **(d)** oder; **(e)** weil/da; **(f)** obwohl; **(g)** und/oder; **(h)** dann (oder gar keine Konjunktion); **(i)** und

217 ★★☆ Sauwetter II

Mache aus zwei Sätzen einen, indem du eine passende Konjunktion verwendest.

als, obwohl, da, weil, damit

a) Es regnet. Die Straße ist nass.

b) Es regnet. Tina geht ins Freibad.

c) Um zwei fing es an zu regnen. Um zwei stieg Martin in den Bus.

d) Harald wird nass. Harald hat keinen Regenschirm.

e) Silke wartet unter einem Dach. Silke wird nicht nass.

218 ★★★ Eng verbunden

Verbinde mit den Konjunktionen *und, oder, da, weil, sodass* und *damit* zwei Sätze, die du dir ausdenkst.

217 a) Da/weil es regnet, ist die Straße nass. **b)** Obwohl es regnet, geht Tina ins Freibad. **c)** Als es um zwei anfing zu regnen, stieg Martin in den Bus. **d)** Harald wird nass, da/weil er keinen Regenschirm hat. **e)** Silke wartet unter einem Dach, damit sie nicht nass wird.

219 ★☆☆ Klassenfoto

Einmal im Jahr kommt ein Fotograf in die Schule, um alle Kinder zu fotografieren. Bis alle richtig stehen, vergeht einige Zeit, denn jeder will mit seinem Platz zufrieden sein. Unterstreiche im Text alle Präpositionen.

Klaus steht neben Bettina. Hinter Bettina steht Thomas. Thomas steht vor Volker, der hinter allen steht, da er alle überragt. Johannes steht auf den Füßen von Susanne. Susannes rechte Hand liegt auf der Schulter ihrer besten Freundin Anne. Anne macht über Rolfs Kopf Hasenohren. Auf dem Foto sieht das ganz schön blöd aus. Katrin reckt ihren Kopf über den von Doris, da Doris eigentlich zu groß ist, um vor ihr zu stehen. Der Fotograf hält drei Finger über den Kopf, zählt „drei, zwei, eins" und schießt ein Foto, auf dem alle lustig aussehen.

220 ★★★ Völlig verdreht

Bei einem beliebten Partyspiel müssen sich die Mitspieler in die Richtung bewegen, die ein Pfeil auf einer Scheibe anzeigt. Mehrere Personen tun dies gleichzeitig und es entsteht ein Menschenknoten. Setze die passenden Präpositionen ein.

Kerrin muss in der ersten Runde ihren rechten Arm **(a)** __________ Falks linkes Bein heben. Falk hingegen muss mit dem rechten Fuß auf das Feld genau links **(b)** __________ Petra. Petra schiebt ihren linken Arm **(c)** __________ Kerrins rechtem Arm **(d)** __________. Petra, die schon völlig verdreht beinahe ganz **(e)** __________ dem Boden liegt, muss nun **(f)** __________ ihrem Kopf **(g)** __________ Falks Beinen **(h)** __________, um das gelbe Feld zu erreichen. Kerrin muss sich **(i)** __________ sich selbst drehen, um mit dem rechten Fuß das grüne Feld zu erreichen, und als Falk ein winziges Stück **(j)** __________ links rückt, liegen alle **(k)** __________ dem Boden.

219 Klaus steht neben Bettina. Hinter Bettina steht Thomas. Thomas steht vor Volker, der hinter allen steht, da er alle überragt. Johannes steht auf den Füßen von Susanne. Susannes rechte Hand liegt auf der Schulter ihrer besten Freundin Anne. Anne macht über Rolfs Kopf Hasenohren. Auf dem Foto sieht das ganz schön blöd aus. Katrin reckt ihren Kopf über den von Doris, da Doris eigentlich zu groß ist, um vor ihr zu stehen. Der Fotograf hält drei Finger über den Kopf, zählt „drei, zwei, eins" und schießt ein Foto, auf dem alle lustig aussehen.

220 **(a)** über; **(b)** neben; **(c)** unter; **(d)** durch; **(e)** auf; **(f)** mit; **(g)** unter; **(h)** durch; **(i)** um; **(j)** nach; **(k)** auf

221 ★★☆ Am Baggersee

Schreibe die Sätze so um, dass in jedem eine Präposition vorkommt.

Verena liegt auf der Wiese. Ein Stückchen weiter links sehen wir Jens.
Jens liegt links neben Verena auf der Wiese.

a) Es regnet in Strömen, aber Jan wird nicht nass, weil er einen Dachvorsprung gefunden hat.

b) Wenn man nach oben schaut, kann man Lillian sehen, die gleich vom Dreier springen wird.

c) Da kommt Sven. Er hat seinen Hund dabei.

222 ★★★ Dein Arbeitsplatz

Beschreibe mit möglichst vielen Präpositionen möglichst genau deinen Arbeitsplatz.

221 a) Es regnet in Strömen, aber Jannis wird nicht nass, weil er unter einem Dachvorsprung steht. **b)** Wenn man nach oben schaut, sieht man Lillian auf dem Dreier. **c)** Da kommt Sven mit seinem Hund.

223 ★★☆ Durchmischt

Bestimme jeweils die Wortart.

a) „hier" ist ______________________________.

b) „auf" ist ______________________________.

c) „gehen" ist ______________________________.

d) „schön" ist ______________________________.

e) „oder" ist ______________________________.

f) „er" ist ______________________________.

g) „etwas" ist ______________________________.

224 ★★★ Wörter im Satz

Schreibe die Wortart der einzelnen Wörter auf.

Dieses Jahr wird der Sommer

____

nicht verregnet, sondern schön.

____

223 a) Adverb; **b)** Präposition; **c)** Verb; **d)** Adjektiv; **e)** Konjunktion; **f)** Personalpronomen; **g)** Indefinitpronomen
224 dieses: Demonstrativpronomen; **Jahr:** Nomen; **wird:** Verb; **der:** Artikel; **Sommer:** Nomen; **nicht:** Adverb; **verregnet:** Adjektiv; **sondern:** Konjunktion; **schön:** Adjektiv

225 ★☆☆ Wahrheit oder Lüge?

Entscheide, was richtig und was falsch ist.

a) Mit einem Aussagesatz stellt man eine Frage.

richtig ○ falsch ○

b) Mit einem Aussagesatz will man jemanden beleidigen.

richtig ○ falsch ○

c) In einem Aussagesatz wird etwas berichtet, erzählt oder mitgeteilt.

richtig ○ falsch ○

d) In einem Aussagesatz fehlt das Verb.

richtig ○ falsch ○

e) Nach einem Aussagesatz steht ein Punkt.

richtig ○ falsch ○

f) Dies ist ein Aussagesatz.

richtig ○ falsch ○

226 ★☆☆ Ohne Punkt und Komma

Unterteile die Wortschlange in mehrere kleine Sätze. Denke daran, dass du den Satzanfang großschreiben musst.

Caroline spielt Basketball Basketball ist ihr Hobby sie übt diesen Sport schon seit vielen Jahren aus deshalb ist sie auch besonders gut

225 a) falsch; **b)** falsch; **c)** richtig; **d)** falsch; **e)** richtig; **f)** richtig

226 Caroline spielt Basketball. Basketball ist ihr Hobby. Sie übt diesen Sport schon seit vielen Jahren aus. Deshalb ist sie auch besonders gut.

227 ★☆☆ Fragen über Fragen

Beantworte die Fragen mit *ja* oder *nein*.

a) Kann man mit einem Fragesatz eine Frage stellen?

ja ○ nein ○

b) Kann der Fragesatz mit einem Fragepronomen beginnen?

ja ○ nein ○

c) Kann der Fragesatz mit einem anderen Wort beginnen?

ja ○ nein ○

d) Endet der Fragesatz mit einem Punkt?

ja ○ nein ○

e) Endet der Fragesatz mit einem Fragezeichen?

ja ○ nein ○

f) Ist dies ein Fragesatz?

ja ○ nein ○

228 ★☆☆ Die verwischte Schrift

Tanja schreibt ihrer Freundin in Berlin einen Brief. Leider ist Tee über den Brief gelaufen und hat alle Punkte und Fragezeichen verwischt. In dem Brief stecken zwei Fragen. Findest du sie?

Liebe Katja,
leider musstest du lange auf meinen Brief warten Bist du mir deswegen eigentlich böse Ich hoffe nicht, doch bevor du dich fragst, warum ich erst jetzt schreibe, erkläre ich dir, was hier los war Hast du schon einmal einen Umzug mitgemacht

227 a) ja; **b)** ja; **c)** ja; **d)** nein; **e)** ja; **f)** ja

228 Liebe Katja, leider musstest du lange auf meinen Brief warten. Bist du mir deswegen eigentlich böse? Ich hoffe nicht, doch bevor du dich fragst, warum ich erst jetzt schreibe, erkläre ich dir, was hier los war. Hast du schon einmal einen Umzug mitgemacht?

229 ★★☆ Wer weiß die Antwort?

Setze die passenden Fragepronomen ein. Manchmal gibt es mehrere Möglichkeiten.

a) ______________ hat die Zeit erfunden?

b) ______________ kommt nach der 10 die 11 und dann die 12?

c) ______________ bin ich nicht du?

d) ______________ lange dauert die Unendlichkeit?

e) ______________ groß ist das Weltall?

f) ______________ denkst du?

g) ______________ gibt es eigentlich Fragen zuhauf und viel zu wenig Antworten drauf?

230 ★★☆ Natascha nuschelt

Natascha möchte ihrer Freundin Heike das Neueste berichten. Leider nuschelt Natascha ganz erbärmlich und Heike muss ständig nachfragen.
Formuliere diese Sätze in Fragen um. Es gibt mehrere Möglichkeiten.

a) Dirk hat sich einen Hund gekauft.

____

____

b) Katrin hat einen platten Fahrradreifen.

____

____

c) Paul hat die Stadtmeisterschaften im Schach gewonnen.

____

____

229 a) wer; **b)** warum/wieso; **c)** warum/wieso; **d)** wie; **e)** wie; **f)** was; **g)** warum/wieso

230 a) Hat Dirk sich einen Hund gekauft? oder: Was hat Dirk sich gekauft? oder: Wer hat sich einen Hund gekauft?
b) Hat Katrin einen platten Fahrradreifen? oder: Was hat Katrin? oder: Wer hat einen platten Fahrradreifen?
c) Hat Paul die Stadtmeisterschaften im Schach gewonnen? oder: Was hat Paul gewonnen?
oder: Wer hat die Stadtmeisterschaften im Schach gewonnen? oder: Worin hat Paul die Stadtmeisterschaften gewonnen?

231 ★☆☆ Vor dem Schulfest

Beim jährlichen Schulfest ist alles durcheinandergeraten. Die Klasse 6a wollte auf dem Schulhof einen Hip-Hop-Tanzwettbewerb veranstalten, aber keiner ist dort, wo er sein soll. Der Klassensprecher versucht, die Ordnung wiederherzustellen.
Kreuze an, bei welchen Sätzen es sich um Aufforderungssätze handelt.

a) Macht Platz für die Tanzfläche!

b) Könntet ihr bitte etwas leiser sein?

c) Hol bitte die Plakatwand, Boris!

d) Die anderen Kinder werden gleich zum Tanzen kommen.

e) Warum ist die Musikanlage noch nicht aufgestellt?

f) Hol jetzt bitte den Tisch und stell ihn hier hin!

g) Wir brauchen noch eine Treppe für die Siegerehrung.

h) Wer hat denn das Plakat verschmiert?

i) Sag bitte im Sekretariat Bescheid, dass wir noch Zeit brauchen!

232 ★☆☆ Das Murmelspiel

Bettina hat auf dem Dachboden ein altes Murmelspiel gefunden. Sie würde es gerne spielen, aber sie kennt die Regeln nicht. William, ihr Vater, erklärt ihr, wie es geht.
Setze die passenden Satzzeichen hinter die Sätze.

William: Hast du schon einmal Murmeln gespielt **(a)** ___ Bettina: Nein. Erklär mit bitte, wie es funktioniert **(b)** ___ William: Nimm eine Murmel aus dem Glas **(c)** ___ Dann gehst du in die Hocke **(d)** ___ Nimm ein bisschen Schwung **(e)** ___ Du solltest möglichst viele andere Murmeln mit deiner Murmel treffen **(f)** ___ Pass auf, dass du die große Murmel nicht zu weit weg schießt **(g)** ___ Wer am Ende mit seiner Murmel am nächsten an der großen Murmel ist, hat gewonnen **(h)** ___ Hast du alles verstanden **(i)** ___

231 a) Macht Platz für die Tanzfläche! **c)** Hol bitte die Plakatwand, Boris! **f)** Hol jetzt bitte den Tisch und stell ihn hier hin! **i)** Sag bitte im Sekretariat Bescheid, dass wir noch Zeit brauchen!
232 (a) Fragezeichen; **(b)** Ausrufezeichen; **(c)** Ausrufezeichen; **(d)** Punkt; **(e)** Ausrufezeichen; **(f)** Punkt; **(g)** Ausrufezeichen; **(h)** Punkt; **(i)** Fragezeichen

233 ★★☆ Sag es direkt!

Volker ist ein bisschen schusselig und steht anderen gerne im Weg. Meistens merkt er nicht, wenn er andere gerade stört. Formuliere mithilfe von Aufforderungssätzen die Wünsche der anderen so, dass Volker sie versteht.

Marius: Ich bin beinahe über die Schuhe im Gang gefallen.
Räum deine Schuhe aus dem Weg!

a) Lucy: Hörst du das Klingeln an der Tür nicht?

____

b) Pia: Der Tisch ist ja immer noch nicht gedeckt.

____

c) Valentina: Es ist ganz schön laut, wenn die Tür nicht geschlossen ist.

____

234 ★★☆ Spitze Spitzer!

Ergänze die Anleitung zum Bleistiftspitzen durch die Imperativform der angegebenen Verben. Setze auch die richtigen Satzzeichen.

nehmen, stecken, drehen, herausziehen, schreiben

(a) __________ einen Bleistift und __________ ihn in die Öffnung des Spitzers

(b) __________ den Bleistift so lange, bis er gespitzt ist

(c) __________ den Bleistift __________

(d) __________ mit dem Bleistift weiter

233 a) Mach/Mache die Tür auf! (oder: Öffne die Tür!) **b)** Deck/Decke den Tisch! **c)** Schließ/Schließe die Tür!
234 (a) Nimm einen Bleistift und **steck** ihn in die Öffnung des Spitzers!
(b) Dreh den Bleistift so lange, bis er gespitzt ist!
(c) Zieh den Bleistift **heraus!**
(d) Schreib mit dem Bleistift weiter! (Statt **steck**, **dreh**, **zieh heraus** und **schreib** kannst du auch **stecke**, **drehe**, **ziehe heraus** und **schreibe** schreiben.)

235 ★☆☆ Wer versteht hier nur Bahnhof?

In wie viele einzelne Hauptsätze lassen sich die Satzreihen einteilen? Schreibe die Zahl hinter die Satzreihe.

(a) Der Schaffner schließt die Türen, die Reise beginnt. ______

(b) Die Fahrgäste schauen sich um. ______

(c) Der Schaffner geht durch die Abteile, er schaut sich von allen Fahrgästen die Fahrkarten an und er beantwortet ihre Fragen zur Fahrt. ______

(d) Manche Fahrgäste kaufen sich einen Kaffee, andere kaufen sich ein belegtes Brot und man kann sogar ein Mittagessen bekommen. ______

(e) Der Zug hält an vielen Stationen, Menschen steigen zu, Menschen steigen aus und alle kommen an ihr Ziel. ______

236 ★★☆ Echt verbunden

Verbinde die Sätze zu einer Satzreihe, indem du ein Komma setzt oder die Konjunktion *und* verwendest.

a) Sarah spielt Geige. Martin spielt Bass.

____

b) Verena liebt Bücher. Sie hat schon viele Vorlesewettbewerbe gewonnen.

____

c) Claudia hat einen Vogel. Sie hat auch einen Hamster.

____

d) Laura spielt Volleyball. Sie ist auch im Leichtathletikverein.

____

235 (a) 2; **(b)** 1; **(c)** 3; **(d)** 3; **(e)** 4
236 a) Sarah spielt Geige, Martin spielt Bass. **b)** Verena liebt Bücher und sie hat schon viele Vorlesewettbewerbe gewonnen. **c)** Claudia hat einen Vogel und sie hat einen Hamster. **d)** Laura spielt Volleyball und sie ist im Leichtathletikverein.

237 ★☆☆ Nicht ohne den Hauptsatz

Satzgefüge bestehen aus mindestens einem Hauptsatz und einem Nebensatz. Nebensätze erkennst du daran, dass sie nicht alleine stehen können. Unterstreiche den Nebensatz.

a) Hans spielt Handball, weil es Spaß macht.

b) Karsten reitet, obwohl er als kleines Kind Angst vor Pferden hatte.

c) Als Marc nach Hause kam, war Celia beim Hockey.

d) Weil Ingeborg schnell strickt, ist der Pullover schon fertig.

e) Johannes geht einkaufen, obwohl er sich lieber mit seinen Freunden treffen würde.

f) Olaf glaubt, dass morgen die Sonne scheinen wird.

g) Uli schreibt Briefe, weil sie E-Mails unpersönlich findet.

238 ★☆☆ Das Verb, das immer am Schluss kommt

Den Nebensatz erkennst du daran, dass das konjugierte Verb immer am Ende steht. Unterstreiche das konjugierte Verb am Ende des Nebensatzes.

a) Gisela liebt das Wandern in den Bergen, weil die Aussicht so schön ist.

b) Harald füttert seinen Hund, der sich hungrig auf das Futter stürzt.

c) Cornelia sucht ihren Hamster, der unter dem Bett verschwunden ist.

d) Einar kann besonders gut flöten, da er schon viele Jahre Unterricht nimmt.

e) Anja betreut Jugendliche, die bei einer Freizeit mitfahren.

f) Hakan spielte Fußball, als es zu regnen begann.

g) Anton passt auf seinen kleinen Bruder auf, bis seine Mutter vom Einkaufen zurück ist.

h) Während Kerrin in London den Tower besichtigte, fuhr William mit der U-Bahn.

237 a) Hans spielt Handball, weil es Spaß macht. **b)** Karsten reitet, obwohl er als kleines Kind Angst vor Pferden hatte. **c)** Als Marc nach Hause kam, war Celia beim Hockey. **d)** Weil Ingeborg schnell strickt, ist der Pullover schon fertig. **e)** Johannes geht einkaufen, obwohl er sich lieber mit seinen Freunden treffen würde. **f)** Olaf glaubt, dass morgen die Sonne scheinen wird. **g)** Uli schreibt Briefe, weil sie E-Mails unpersönlich findet.

238 a) ist; **b)** stürzt; **c)** ist; **d)** nimmt; **e)** mitfahren; **f)** begann; **g)** ist; **h)** besichtigte

239 ★★☆ Die Schneeballschlacht

Wenn im Winter richtig viel Schnee liegt, treffen sich alle Kinder des Dorfes zu einer Schneeballschlacht.
Denke dir die fehlenden Nebensätze aus. Benutze dabei die vorgegebenen Konjunktionen.

Gerda formt die größten Schneebälle, weil *sie keine Angst vor kalten Fingern hat.*

a) Doris legt ihre Pudelmütze beiseite, denn

____

b) Philipp hat sich nach draußen gewagt, obwohl

____

c) Peter versteckt sich hinter einer Hauswand, damit

____

240 ★★☆ Was genau eigentlich?

Ersetze den fehlenden Relativsatz mit der in Klammern angegebenen Information.

Das Buch, *das ich gerade lese*, ist spannend.

(Ich lese gerade ein Buch.)

a) Die Katze, ______________________________, schnurrt zufrieden.

(Die Katze hat eine Maus gefangen.)

b) Der Turm, ______________________________, steht in Pisa.

(Der Turm ist besonders schief.)

c) Die Frau, ______________________________, duckt sich.

(Die Frau ist besonders groß.)

239 So könnte deine Lösung aussehen:
a) …, denn sie stört beim Werfen. **b)** …, obwohl schlechtes Wetter ist. **c)** …, damit er nicht getroffen wird.
240 a) Die Katze, die eine Maus gefangen hat, schnurrt zufrieden. **b)** Der Turm, der besonders schief ist, steht in Pisa. **c)** Die Frau, die besonders groß ist, duckt sich.

241 ★★☆ Wer weiß hier eigentlich was?

Wandle die direkte Frage in einen indirekten Fragesatz um. Der indirekte Fragesatz ist der Nebensatz.

Stefan: Wo sind meine Socken?
Stefan möchte wissen, wo seine Socken sind.

a) Charles: Wer kann mir bei den Hausaufgaben helfen?

---

b) Rita: Wieso kann Klaus nicht einmal pünktlich sein?

---

c) Jonathan: Wann fährt eigentlich der Bus?

---

d) Heike: Wie mache ich den Pizzateig?

---

242 ★★☆ Was machst du heute?

Ordne die Wörter zu einem Hauptsatz und einem Nebensatz mit Infinitiv.

a) Minigolf Peter zu spielen vorhat.

---

b) Zu putzen Anja daran Fahrrad ihr endlich denkt.

---

c) Einen Tennispartner Fred versucht zu finden.

---

241 a) Charles möchte wissen/will wissen/fragt, wer ihm bei den Hausaufgaben helfen kann. **b)** Rita fragt/möchte wissen/will wissen, warum Klaus nicht einmal pünktlich sein kann. **c)** Jonathan will wissen/möchte wissen/fragt, wann der Bus eigentlich fährt. **d)** Heike fragt/möchte wissen/will wissen, wie man den Pizzateig macht.
242 a) Peter hat vor, Minigolf zu spielen. **b)** Anja denkt daran, endlich ihr Fahrrad zu putzen. **c)** Fred versucht, einen Tennispartner zu finden.

243 ★★☆ Ganz schön verzwickt

Zeige, wie das Satzgefüge aufgebaut ist, indem du die Sätze in Haupt- und Nebensätze aufteilst.

Die Katze, die auf den Baum geklettert ist, kommt dort nicht mehr runter.
Hauptsatz: *Die Katze kommt dort nicht mehr runter.*
Nebensatz: *..., die auf den Baum geklettert ist,*

a) Jack, der immer alle anderen Kinder verprügelt, ist selbst eigentlich ein großer Feigling.

Hauptsatz: ______________________

Nebensatz: ______________________

b) Costa, der seine Großeltern sehr vermisst, darf sie diesen Sommer in Griechenland besuchen.

Hauptsatz: ______________________

Nebensatz: ______________________

244 ★★★ Apfelernte

Verwandle die einzelnen Sätze zu einem Satzgefüge.

Die Apfelbäume stehen im Garten. Die Apfelbäume tragen Früchte. Die Äpfel müssen geerntet werden.
Die Apfelbäume, die im Garten stehen, tragen Früchte, die geerntet werden müssen.

a) Letzten Sommer regnete es kaum. Die Ernte wird sehr schlecht ausfallen.

____

____

b) Torben ist zu spät. Torben muss sich beeilen.

____

243 a) Hauptsatz: Jack ist selbst eigentlich ein großer Feigling. **Nebensatz:** , der immer alle anderen Kinder verprügelt, **b) Hauptsatz:** Costa darf sie dieses Jahr in Griechenland besuchen. **Nebensatz:** , der seine Großeltern sehr vermisst,
244 a) Da/weil es letzten Sommer kaum regnete, wird die Ernte sehr schlecht ausfallen. Oder: Letzten Sommer regnete es kaum, sodass die Ernte sehr schlecht ausfallen wird. **b)** Weil/da Torben zu spät ist, muss er sich beeilen.

245 ★☆☆ „Seltsam sehr das ist Zweifel ohne“

Kreuze an, welche Sätze richtig sind.

a) Vor vielen Jahren lebten auf einem riesigen Kontinent die Dinosaurier. ○

b) Riesigen auf Kontinent vor einem die Dinosaurier lebten vielen Jahre. ○

c) Kontinent riesigen vielen Jahren vor die Dinosaurier lebten auf einem. ○

d) Auf einem riesigen Kontinent lebten vor vielen Jahren die Dinosaurier. ○

e) Die Dinosaurier lebten vor vielen Jahren auf einem riesigen Kontinent. ○

f) Vor vielen Jahren die Dinosaurier auf einem riesigen Kontinent lebte. ○

246 ★☆☆ Was gehört zusammen?

Bestimmte Wörter lassen sich nur zusammen verschieben. Sieh dir die Sätze genau an und schreibe die Wörter, die zusammenbleiben müssen, als Wortgruppe auf die Linien. Notiere auch die Wörter, die alleine stehen.

(a) Jessica und Antonio gehen heute in den Zoo.
Heute gehen Jessica und Antonio in den Zoo.
In den Zoo gehen heute Jessica und Antonio.

______________________ ______________________

______________________ ______________________

(b) Pamela spielt seit vielen Jahren Gitarre.
Gitarre spielt seit vielen Jahren Pamela.
Seit vielen Jahren spielt Pamela Gitarre.

______________________ ______________________

______________________ ______________________

245 a) Vor vielen Jahren lebten auf einem riesigen Kontinent die Dinosaurier. **d)** Auf einem riesigen Kontinent lebten vor vielen Jahren die Dinosaurier. **e** Die Dinosaurier lebten vor vielen Jahren auf einem riesigen Kontinent.
246 (a) Jessica und Antonio; gehen; heute; in den Zoo. **(b)** Pamela; spielt; seit vielen Jahren; Gitarre.

247 ★★☆ Ein Satz, viele Möglichkeiten

Stelle die einzelnen Satzglieder so um, dass du drei verschiedene Sätze erhältst.

a) Alina kocht heute für die ganze Familie.

b) Alle loben danach Alinas Kochkunst.

c) Ludwig spart schon lange auf ein Pferd.

248 ★★★ Alle sind zu spät

Nicht immer hast du die Möglichkeit, die Umstellprobe ausführlich durchzuführen. Kennzeichne bei den folgenden Sätzen, welche Satzglieder zusammengehören, indem du sie durch Striche trennst.

a) Ute hat den Bus verpasst.

b) Daniel hat beim Anziehen getrödelt.

c) Jonas hat den Wecker nicht gehört.

d) Verena konnte ihre Zahnbürste nicht finden.

247 a) Heute kocht Alina für die ganze Familie. Für die ganze Familie kocht heute Alina. Heute kocht für die ganze Familie Alina. **b)** Danach loben alle Alinas Kochkunst. Alinas Kochkunst loben alle danach. Alle loben Alinas Kochkunst danach. **c)** Auf ein Pferd spart Ludwig schon lange. Schon lange spart Ludwig auf ein Pferd. Ludwig spart auf ein Pferd schon lange.

248 a) Ute | hat | den Bus | verpasst. **b)** Daniel | hat | beim Anziehen | getrödelt. **c)** Jonas | hat | den Wecker | nicht | gehört. **d)** Verena | konnte | ihre Zahnbürste | nicht | finden.

249 ★☆☆ Ein seltsames Fußballspiel

Der Trainer der Fußballmannschaft ist krank. Darum verläuft das Spiel auch nicht wie ein normales Spiel. Unterstreiche in jedem Satz das Satzglied, das an zweiter Stelle steht. Das ist das Prädikat.

Valerie rollt sich beim Anpfiff auf dem Boden. Ulf jubelt nur bei einem Eigentor. Eike täuscht den eigenen Torwart. Torwart Karl geht jedem Ball aus dem Weg. Der Co-Trainer applaudiert der gegnerischen Mannschaft. Paul spielt dem gegnerischen Verteidiger einen Ball zu. Johanna turnt am Tor. Frederik schläft mitten auf dem Spielfeld. Judith telefoniert mit ihrer besten Freundin. Carsten macht noch schnell die schwierigen Mathehausaufgaben.

250 ★☆☆ Nach dem Spiel

Die Mannschaft hat das Spiel natürlich verloren. Der Trainer ist entsetzt, als ihm Heike von den Fehlern der Jungen und Mädchen berichtet.
Unterstreiche das Prädikat, aber beachte, dass es hier aus zwei Teilen besteht.
Die konjugierte Form bildet mit dem anderen Teil des Prädikats die Prädikatsklammer.

„Katrin hat ständig die gegnerische Mannschaft angefeuert. Lars hat immer auf das eigene Tor geschossen. Der Torwart ist während des Spiels kurz auf die Toilette gegangen. Petra musste ihren Bus noch vor Ablauf der ersten Halbzeit bekommen. Der Co-Trainer hat den besten Spieler nach Hause geschickt. Oliver hat seine Brille zu Hause vergessen. Christian hat den Ball ständig in einen Korb geworfen. Udo hat wegen des großen Motorradhelms auf seinem Kopf nichts gesehen."

249 Valerie rollt sich beim Anpfiff auf dem Boden. Ulf jubelt nur bei einem Eigentor. Eike täuscht den eigenen Torwart. Torwart Karl geht jedem Ball aus dem Weg. Der Co-Trainer applaudiert der gegnerischen Mannschaft. Paul spielt dem gegnerischen Verteidiger einen Ball zu. Johanna turnt am Tor. Frederik schläft mitten auf dem Spielfeld. Judith telefoniert mit ihrer besten Freundin. Carsten macht noch schnell die schwierigen Mathehausaufgaben.

250 Katrin hat ständig die gegnerische Mannschaft angefeuert. Lars hat immer auf das eigene Tor geschossen. Der Torwart ist während des Spiels kurz auf die Toilette gegangen. Petra musste ihren Bus noch vor Ablauf der ersten Halbzeit bekommen. Der Co-Trainer hat den besten Spieler nach Hause geschickt. Oliver hat seine Brille zu Hause vergessen. Christian hat den Ball ständig in einen Korb geworfen. Udo hat wegen des großen Motorradhelms auf seinem Kopf nichts gesehen.

251 ★★☆ Da fehlt was

Setze ein passendes Prädikat ein. Folgende Verben stehen zur Auswahl.

warten, treffen, verspäten, kommen, helfen, spielen, fahren, beginnen, gehen

Kerstin und Gunda **(a)** ____________ schon lange gemeinsam zum Cellounterricht.

Kerstin **(b)** ____________ früher mit dem Musizieren ____________ als

Gunda. Darum **(c)** ____________ Kerstin auch ein bisschen besser.

Sie **(d)** ____________ Gunda aber oft. Kerstin **(e)** ____________ immer

auf Gunda an der Bushaltestelle. Die beiden **(f)** ____________ sich immer dort.

Der Bus **(g)** ____________ und der Bus **(h)** ____________ heute ohne

Gunda. Gunda **(i)** ____________ sich schon wieder ____________.

252 ★★☆ Fernweh

In der Klasse 5b unterhalten sich einige Kinder über das Reisen. Bilde aus den vorgegebenen Wörtern Sätze zum Thema. Unterstreiche dann die Prädikate.

(a) … sind geflogen, nach Italien
(b) … werden fahren, in die Schweiz
(c) … war zelten, mit anderen Pfadfindern
(d) … haben gebucht, nächstes Jahr, Reise nach Australien

251 (a) gehen; **(b)** hat … begonnen; **(c)** spielt; **(d)** hilft; **(e)** wartet; **(f)** treffen; **(g)** kommt; **(h)** fährt; **(i)** hat verspätet
252 (a) Wir sind nach Italien geflogen. **(b)** Wir werden in die Schweiz fahren. **(c)** Ich war mit anderen Pfadfindern zelten. **(d)** Wir haben für nächstes Jahr eine Reise nach Australien gebucht.

253 ★★☆ Eine schlaue Frage ist fast eine gute Antwort

Erfrage das Prädikat des Satzes und schreibe die Antwort auf.

Sabine fährt mit dem Fahrrad zum Schwimmbad.
Was macht Sabine? Sie fährt mit dem Fahrrad zum Schwimmbad.

a) Gina geht mit ihrem Großvater spazieren.

____

b) Elke freut sich über das schöne Wetter.

____

c) Julia spielt mit ihrer Freundin Federball.

____

d) Viktor liest ein Buch.

____

254 ★★★ Wie entsteht Honig?

Wächst er auf Bäumen? Schwimmt er im Fluss?
Schreibe einige kurze Sätze darüber, wie Honig tatsächlich hergestellt wird, und unterstreiche die Prädikate. Benutze für deinen Text folgende Wörter:

Imker, Bienen, Bienenstock, haben, … Bienen, sammeln, Honig, … Honig, sich befinden, Waben, … später, Imker, Honig, ernten

____

____

____

____

____

____

253 a) Was macht Gina? Sie geht mit ihrem Großvater spazieren. **b)** Was macht Elke? Sie freut sich über das schöne Wetter. **c)** Was macht Julia? Sie spielt … **d)** Was macht Viktor? Er liest …
254 Der Imker hat Bienen in einem Bienenstock. Die Bienen sammeln Honig. Der Honig befindet sich in den Waben. Später erntet der Imker den Honig.

255 ★☆☆ Kann das sein?

Viele der folgenden Behauptungen über das Subjekt sind richtig. Doch bei einigen hat sich jemand Blödsinn einfallen lassen. Entscheide, ob die Aussagen falsch oder richtig sind.

a) Das Subjekt ist die Satzaussage.

richtig ○ falsch ○

b) Das Subjekt ist der Satzgegenstand.

richtig ○ falsch ○

c) Das Subjekt lässt sich nicht erfragen.

richtig ○ falsch ○

d) Das Subjekt lässt sich erfragen mit „Was geschieht?“.

richtig ○ falsch ○

e) Das Subjekt lässt sich erfragen mit „Wer oder was tut etwas?“.

richtig ○ falsch ○

f) Das Subjekt kann im Satz verschoben werden.

richtig ○ falsch ○

g) Das Subjekt kann nicht im Satz verschoben werden.

richtig ○ falsch ○

256 ★☆☆ Geisterstunde

Nachts ist es manchmal ganz schön unheimlich. Mara fürchtet sich vor den vielen Geräuschen, die zu hören sind, wenn man ganz leise ist. Unterstreiche in jedem Satz das Subjekt.

Der Wind pfeift. Die Dielen knarren. Die Eule ruft. Die Tür schlägt zu. Die Kochtöpfe scheppern im Schrank. Ein unheimliches Licht leuchtet draußen in der Einfahrt auf.

255 a) falsch; **b)** richtig; **c)** falsch; **d)** falsch; **e)** richtig; **f)** richtig; **g)** falsch
256 Der Wind pfeift. Die Dielen knarren. Die Eule ruft. Die Tür schlägt zu. Die Kochtöpfe scheppern im Schrank. Ein unheimliches Licht leuchtet draußen in der Einfahrt.

257 ★☆☆ Die Kunstausstellung

Setze das passende Subjekt ein.

der Mann, die Sonnenblumen, man, der Künstler, die Skulptur, die Besucher

a) ______________________________ auf dem Bild blühen.

b) ______________________________ ist heute persönlich da.

c) ______________________________ schauen sich die Bilder an.

d) ______________________________ an der Kasse verkauft Postkarten.

e) ______________________________ sieht durch das Fenster Bäume.

f) ______________________________ steht eindrucksvoll im Raum.

258 ★★☆ Völlig verrückt

Das Subjekt steht nicht immer am Anfang des Satzes, sondern wird oft auch an eine andere Stelle verrückt. Unterstreiche in den Sätzen das Subjekt.

a) Dem Hund gibt der Mann den Knochen.

b) Den Buchdruck erfand vor langer Zeit Johannes Gutenberg.

c) Reich zu sein, wünschen sich viele Menschen in allen Ländern der Erde.

d) Heutzutage schreiben die meisten Menschen keine Briefe mehr.

e) Ein Floh hat wenig Verstand. Wenig Verstand hat ein Floh.

f) Im Winter ist der See zugefroren.

g) Auf der Erde wünschen sich Menschen Frieden.

h) Ein Kobold hat am Ende des Regenbogens einen Schatz versteckt.

257 a) die Sonnenblumen, **b)** der Künstler, **c)** die Besucher, **d)** der Mann, **e)** man, **f)** die Skulptur

258 a) Dem Hund gibt der Mann den Knochen. **b)** Den Buchdruck erfand vor langer Zeit Johannes Gutenberg. **c)** Reich zu sein, wünschen sich viele Menschen in allen Ländern der Erde. **d)** Heutzutage schreiben die meisten Menschen keine Briefe mehr. **e)** Ein Floh hat wenig Verstand. Wenig Verstand hat ein Floh. **f)** Im Winter ist der See zugefroren. **g)** Auf der Erde wünschen sich Menschen Frieden. **h)** Ein Kobold hat am Ende des Regenbogens einen Schatz versteckt.

259 ★★☆ Man weiß noch nichts Genaues

In die Villa Steinreich ist eingebrochen worden. Die Polizei tappt allerdings noch völlig im Dunkeln.
Schreibe die Sätze so um, dass das Subjekt des vorgegebenen Hauptsatzes am Anfang deines Satzes steht. Beachte, dass das Subjekt nicht zwingend ein Nomen ist. Es kann auch ein Pronomen sein.

In die Villa Steinreich hat man letzte Nacht eingebrochen.
Man hat letzte Nacht in die Villa Steinreich eingebrochen.

a) Noch ist unklar, wie es dazu kommen konnte.

____

b) Auffällig ist nichts.

____

c) Ihr Bestes werden alle geben.

____

260 ★★★ Selbst aktiv werden

Im Fernsehen sieht man oft Menschen, die sich für irgendetwas engagieren. Was kann man tun, um die Welt ein bisschen zu verbessern? Schreibe deine Ideen auf und benutze folgende Wörter als Subjekte.

man, jeder, niemand, nichts

____

____

____

____

____

____

____

259 a) Es ist noch unklar, wie es dazu kommen konnte. **b) Nichts** ist auffällig. **c) Alle** werden ihr Bestes geben.

261 ★☆☆ Streit im Supermarkt

Beantworte die Fragen in einem ganzen Satz.

Harald beschuldigt Jonas, weil Jonas sich an der Kasse vorgedrängelt hat.
Wen beschuldigt Harald? *Harald beschuldigt Jonas.*

a) Christine schreit Norbert an, weil er die Kühltruhe nicht geschlossen hat.

Wen schreit Christine an? ______________________________

b) Olaf meckert Gerda an, weil sie mit dem Einkaufswagen den Weg versperrt.

Wen meckert Olaf an? ______________________________

c) Anne schubst Dieter, weil er ihr den letzten Salatkopf nicht überlassen will.

Wen schubst Anne? ______________________________

d) Judith ermahnt Laura, weil sie an der Kasse trödelt.

Wen ermahnt Judith? ______________________________

262 ★☆☆ Tierzwist

Entscheide, ob es sich bei dem unterstrichenen Objekt im Satz um ein Akkusativobjekt handelt.

a) Der Hund jagt die Katze.

ja nein

b) Der Floh ängstigt den Elefanten.

ja nein

c) Die Katze jagt der Maus Angst ein.

ja nein

d) Der Bär gibt dem Huhn einen Tritt.

ja nein

e) Die Maus will den Floh fressen.

ja nein

f) Der Löwe zertrampelt den Floh.

ja nein

g) Der Hase jagt die Schildkröte.

ja nein

h) Der Wal verschluckt den Aal.

ja nein

261 a) Christine schreit Norbert an. **b)** Olaf meckert Gerda an. **c)** Anne schubst Dieter. **d)** Judith ermahnt Laura.
262 a) ja; **b)** ja; **c)** nein; **d)** nein; **e)** ja; **f)** ja; **g)** ja; **h)** ja

263 ★★☆ Gut gefragt ist fast gewusst

Jeder der folgenden Sätze enthält ein Akkusativobjekt. Stelle die richtige Frage, um herauszubekommen, bei welchem Satzglied es sich um das Akkusativobjekt handelt.

a) Wir nehmen uns Zeit.

____

b) Du schreibst gerne Briefe.

____

c) Er gibt dem Hund einen Knochen.

____

264 ★★☆ Wie der Klassenraum wieder aussieht!

Im Klassenraum der 5b sieht es aus wie im Saustall. Die Kinder müssen aufräumen.
Da es am schnellsten geht, wenn alle zusammenarbeiten, hilft jeder mit.
Unterstreiche alle Akkusativobjekte.

Dorothea nimmt sich den Tafelschwamm und macht damit die Tafel sauber. Edgar nimmt sich den Papiermüll und leert ihn aus. Karin putzt die Fenster und achtet darauf, dass keine Streifen entstehen. Julia fegt den Boden und wirft danach alles weg. Frauke kümmert sich um den Türrahmen. Ute wischt den Schrank aus. Peter schrubbt die Tische und Stefan holt frisches Wasser. Mehmet wischt die Fensterbank und Uli stellt frische Blumen hin. Hanna füttert den Klassenfisch und Torsten macht das Aquarium sauber. Super, jetzt ist alles sauber.

263 a) Wen oder was nehmen wir uns? (Zeit) **b)** Wen oder was schreibst du gerne? (Briefe) **c)** Wen oder was gibt er dem Hund? (einen Knochen)

264 Dorothea nimmt sich den Tafelschwamm und macht damit die Tafel sauber. Edgar nimmt sich den Papiermüll und leert ihn aus. Karin putzt die Fenster und achtet darauf, dass keine Streifen entstehen. Julia fegt den Boden und wirft danach alles weg. Frauke kümmert sich um den Türrahmen. Ute wischt den Schrank aus. Peter schrubbt die Tische und Stefan holt frisches Wasser. Mehmet wischt die Fensterbank und Uli stellt frische Blumen hin. Hanna füttert den Klassenfisch und Torsten macht das Aquarium sauber. Super, jetzt ist alles sauber.

265 ★★☆ Süß und lecker

Verwende das jeweils zweite Wort als Akkusativobjekt. Verwende außerdem folgende Verben: *mögen, lieben, gerne essen.*

Vater, saure Kirschen
Mein Vater mag die sauren Kirschen ganz besonders gern.

a) Mutter, süße Mangos

____

b) Schwester, Lakritzsterne

____

c) Opa, bunte Feuerwehrhelme

____

d) Kerstin, saure Gurken

____

266 ★★★ Unordnung im Haus

Benutze das Subjekt des Satzes als Akkusativobjekt in einem weiteren Satz, den du frei erfinden kannst.

Die Socken sind verschwunden.
Meine Mutter sucht schon den ganzen Tag die Socken.

a) Der Füller liegt nicht mehr auf Pierres Schreibtisch.

____

b) Die Fernsehzeitung ist vom Wohnzimmertisch verschwunden.

____

265 a) Mutter mag süße Mangos. **b)** Meine Schwester liebt/mag Lakritzsterne. **c)** Opa mag bunte Feuerwehrhelme. **d)** Kerstin isst gerne saure Gurken. (Die Verben kannst du auch austauschen.)
266 So könnte deine Lösung aussehen: **a)** Pierre hat seinen Füller schon überall gesucht. **b)** Mein Bruder hat die Fernsehzeitung gestern das letzte Mal gesehen.

267 ★☆☆ Helfende Hände

Wenn man einander hilft, gehen die Dinge oft viel einfacher. Unterstreiche, wem geholfen wird.

Dem alten Mann wird geholfen beim Überqueren der Straße. Benny hilft dem kleinen Bruder beim Binden der Schuhe. Bettina wird bei ihren Hausaufgaben geholfen. Josefine hilft ihrem Vater beim Rasenmähen. Ricarda hilft Gerd beim Jäten des Unkrauts. Helga wird beim Pizzabacken geholfen. Hilke hilft ihrer kleinen Schwester beim Telefonieren. August hilft dem Trainer beim Tragen der Bälle auf das Fußballfeld. Kira hilft ihrer Schwester beim Einschlafen und liest ihr eine Geschichte vor.

268 ★☆☆ Beste Freunde

Setze ein passendes Dativobjekt ein.

Peter ist der beste Freund von Maxi, denn Peter erzählt **(a)** ____________________ tolle Witze. Ann-Katrin ist die allerbeste Freundin von Hans-Jonas, denn sie gibt **(b)** ____________________ Tipps für die Hausaufgaben. Christina kümmert sich oft um Ralfs Hund und macht **(c)** ____________________ damit eine große Freude. Jenny hält schon zu Christian, seit sie mit **(d)** ____________________ als ganz kleines Kind im Sandkasten gespielt hat. Taras bester Freund Jan-Michael backt **(e)** ____________________ einmal wöchentlich ihren Lieblingspfannkuchen.

267 Dem alten Mann wird geholfen beim Überqueren der Straße. Benny hilft dem kleinen Bruder beim Binden der Schuhe. Bettina wird bei ihren Hausaufgaben geholfen. Josefine hilft ihrem Vater beim Rasenmähen. Ricarda hilft Gerd beim Jäten des Unkrauts. Helga wird beim Pizzabacken geholfen. Hilke hilft ihrer kleinen Schwester beim Telefonieren. August hilft dem Trainer beim Tragen der Bälle auf das Fußballfeld. Kira hilft ihrer Schwester beim Einschlafen und liest ihr eine Geschichte vor.

268 (a) Maxi/ihm; **(b)** Hans-Jonas/ihm; **(c)** Ralf/ihm; **(d)** Christian/ihm; **(e)** Tara/ihr

269 ★★☆ Weihnachtswichteln

In der Schule wird zur Weihnachtszeit gerne gewichtelt. Jedem Kind wird per Los ein anderes Kind zugeteilt, das es beschenken darf. Leider bekommen nicht immer alle Kinder, was sie sich wünschen. Dieses Jahr waren die Fehlgriffe besonders zahlreich. Erfrage das Dativobjekt in jedem Satz.

Lars schenkt Meike eine Krawatte.
Wem schenkt Meike eine Krawatte?

a) Verena schenkt Anton eine Modepuppe.

---

b) Paul schenkt dem Matheass Katrin ein leichtes Übungsbuch.

---

c) Liane schenkt der kurzhaarigen Ulla eine Haarspange.

---

d) Ilka hat Heuschnupfen und Jan schenkt ihr einen Blumenstrauß.

---

270 ★★☆ Vor der Mathestunde

Schreibe den Text ab und ersetze alle Dativobjekte durch neue Dativobjekte, die du dir ausdenkst.

Harald ist es egal, ob er seine Hausaufgaben Otto oder Rolf gibt, damit einer der beiden sie abschreiben kann.

---

269 a) Wem schenkt Verena eine Modepuppe? **b)** Wem schenkt Paul ein leichtes Übungsbuch? **c)** Wem schenkt Liane eine Haarspange? **d)** Wem schenkt Jan einen Blumenstrauß?
270 Ersetzt werden müssen: Harald, Otto, Rolf.

271 ★★☆ In der Zoohandlung

Karl geht mit seinen Eltern in die Zoohandlung, um einen größeren Käfig für sein Meerschweinchen zu kaufen. Wandle jedes Subjekt in ein Dativobjekt um.

Die Schlange stürzt sich auf das Futter, das der Zoohändler ihr ins Terrarium wirft.

Der Zoohändler gibt **(a)** ________________________________ eine Maus.

Die Welpen bekommen vom Zoohändler ein bisschen Milch.

Der Zoohändler gibt **(b)** ________________________________ ein bisschen Milch.

Der Goldhamster bekommt vom Zoohändler ein neues Laufrad in den Käfig gestellt.

Der Zoohändler stellt **(c)** ____ ein neues Laufrad in den Käfig.

272 ★★☆ Als die Boa ausbrach ...

Harald geht mit seinen Eltern in die Zoohandlung, um einen Wellensittich für seine Schwester zu kaufen. Dabei beobachtet er so einiges.
Setze die angegebenen Nomen in den Dativ und füge einen Artikel hinzu, wenn es sinnvoll ist.

a) Der Händler verkauft ______________________ (jemand) einen Zierfisch.

b) Er gibt ____ (Pfeilgiftfrosch) eine Fliege.

c) Außer Harald fällt ________________________ (niemand) auf, dass die Boa ausgebrochen ist.

d) Der Zoohändler bemerkt nichts und streut ___________________________ (Mäuse) Sand ins Terrarium.

e) Harald sagt ______________________________________ (Zoohändler), dass die Boa ausgebrochen ist. Dieser fängt sie wieder ein.

Das war ein aufregender Tag für Harald.

271 (a) der Schlange; **(b)** den Welpen; **(c)** dem Goldhamster
272 a) jemandem; **b)** dem Pfeilgiftfrosch; **c)** niemandem; **d)** den Mäusen; **e)** dem Zoohändler

273 ★☆☆ Ein seltener Gast

Das Genitivobjekt wird heute kaum noch genutzt. Es ist in der deutschen Sprache ein seltener Gast. Kreuze an, ob es sich bei dem unterstrichenen Objekt um ein Genitivobjekt handelt.

a) Hilf deinem Bruder bitte bei den Hausaufgaben!

ja ○ nein ○

b) Bist du eigentlich des Wahnsinns?

ja ○ nein ○

c) Tina ruft ihre kleine Schwester.

ja ○ nein ○

d) Er freut sich seines Lebens.

ja ○ nein ○

e) Sie rufen ihre Freunde an.

ja ○ nein ○

274 ★★☆ Vor vielen, vielen Jahren ...

Da in unserer Alltagssprache kaum noch Genitivobjekte auftauchen, klingen sie ein bisschen altmodisch – genau wie die folgenden Sätze. Erfrage das Genitivobjekt.

a) Prinz Olaf gedenkt seiner Großmutter.

b) Fräulein Brunhilde freut sich ihres Lebens.

c) Konrad, der Schlossdiener, kommt des Weges daher.

273 a) nein; **b)** ja; **c)** nein; **d)** ja; **e)** nein
274 a) Wessen gedenkt Prinz Olaf? **b)** Wessen freut sich Fräulein Brunhilde? **c)** Wessen kommt Konrad daher?

275 ★☆☆ In den Bergen

Unterstreiche die Präposition, die zum markierten Objekt gehört.

a) Als Felix auf dem Gipfel stand, dachte er an seinen Großvater.

b) Dieser wurde seinerzeit zu einem berühmten Bergsteiger.

c) Er hoffte auf sein Glück.

d) Dann bestieg er den Berg als erster Mensch.

e) Felix erinnert sich gerne an seinen berühmten Verwandten.

f) Felix begnügt sich aber mit weniger Ruhm.

276 ★★☆ Durcheinander gewürfelt

Ordne die Wörter so zu einem Satz, dass dabei ein präpositionales Objekt entsteht.

a) Auf Wetter sie besseres hoffen.

____

b) Wartet auf er den Bus.

____

c) Steht Fehlern ihren zu sie.

____

d) Etwas sie hält ihn auf.

____

e) Guten Nachrichten sie mit rechnet.

____

275 a) an; **b)** zu; **c)** auf; **d)** als; **e)** an; **f)** mit
276 a) Sie hoffen auf besseres Wetter. **b)** Er wartet auf den Bus. **c)** Sie steht zu ihren Fehlern. **d)** Sie hält etwas auf ihn. **e)** Sie rechnet mit guten Nachrichten.

277 ★★☆ Tomatensalat

Ordne die unterstrichenen Objekte in die Tabelle ein.

Ben schneidet die Tomaten. Katrin stampft das Basilikum zu Brei. Sarah hofft auf eine gelungene Salatsoße. Vladimir hilft Ben. Dieter gedenkt der armen Zwiebeln, die für den Tomatensalat ihr Leben lassen müssen. Lara rührt alles um.

Akkusativobjekt	Dativobjekt	Genitivobjekt	Präpositionalobjekt

278 ★★★ Die Grillparty

Familie Hansen feiert eine Grillparty.
Bilde den ersten Satz mit einem Akkusativobjekt, den zweiten mit einem Dativobjekt und den dritten Satz mit einem Präpositionalobjekt.

a) Familie Hansen, viele Freunde, einladen

____

b) Sie, allen, sagen, die Grillparty, am Abend, stattfinden

____

c) Karla, zur Grillkönigin wählen

____

277 Akkusativobjekt: die Tomaten, das Basilikum, ihr Leben, alles; **Dativobjekt:** Ben; **Genitivobjekt:** der armen Zwiebeln; **Präpositionalobjekt:** zu Brei, auf eine gelungene Salatsoße
278 a) Familie Hansen lädt **viele Freunde** ein. **b)** Sie sagen **allen**, dass die Grillparty am Abend stattfindet.
c) Karla wird **zur Grillkönigin** gewählt.

279 ★☆☆ Geht's auch ohne?

Die adverbiale Bestimmung erkennt man im Satz daran, dass man sie weglassen kann, ohne dass der Satz seinen Sinn verliert. Kann man das unterstrichene Satzglied weglassen?

a) Lara singt sehr gerne Lieder.

ja ○ nein ○

b) Kerstin hofft auf besseres Wetter.

ja ○ nein ○

c) Henning hört laute Geräusche.

ja ○ nein ○

d) Doris schläft heute aus.

ja ○ nein ○

e) Kira spielt heute wegen des schlechten Wetters nicht draußen.

ja ○ nein ○

280 ★★☆ Was ist hier überflüssig?

Unterstreiche in jedem Satz das Satzglied, das für den Satzsinn nicht zwingend notwendig ist.

a) Bernd hat heute viele Hausaufgaben auf.

b) Gerda möchte in den Ferien nach Spanien.

c) Sina geht wegen des schlechten Wetters in die Sporthalle.

d) Pia freut sich sehr über den Besuch.

e) Annika erfährt auf dem Balkon von ihrem Glück.

f) Corinna singt unter der Dusche.

279 a) ja; **b)** nein; **c)** nein; **d)** ja; **e)** ja
280 a) heute; **b)** in den Ferien; **c)** wegen des schlechten Wetters; **d)** sehr; **e)** auf dem Balkon; **f)** unter der Dusche

281 ★☆☆ Wer weiß wo?

Unterstreiche alle adverbialen Bestimmungen des Ortes (Ortsangaben).

Vor dem Haus steht ein alter Baum. Dort ist es im Sommer schön schattig. Wenn man sich unter den Baum legt, ist es kühl und man ist vor der Sonne geschützt. So kann man auch besonders heiße Tage draußen genießen und muss nicht im Haus bleiben.

282 ★☆☆ Frag mal wo!

Erfrage das unterstrichene Satzglied.

a) Dort oben ist das Hotel auf dem Berg.

____

b) Du kommst hier so schnell nicht mehr weg.

____

c) Die Katze hat sich im Baum versteckt.

____

283 ★★☆ Ab in den Urlaub!

Setze die passenden adverbialen Bestimmungen des Ortes ein.

dort, in der Apotheke, nach Italien, im Reisebüro

Janina, ihr Bruder und ihre Eltern fahren dieses Jahr **(a)** ______________________.

(b) __________ ist es nicht nur heiß, es gibt auch einen sehr schönen Strand.

Bevor es losgehen kann, müssen einige Besorgungen gemacht werden. Der Vater kauft

(c) ______________________ einige Medikamente. Die Mutter

besorgt **(d)** ______________________ alle nötigen Unterlagen.

281 Vor dem Haus steht ein alter Baum. Dort ist es im Sommer schön schattig. Wenn man sich unter den Baum legt, ist es kühl und man ist vor der Sonne geschützt. So kann man auch besonders heiße Tage draußen genießen und muss nicht im Haus bleiben.
282 a) Wo ist das Hotel auf dem Berg? **b)** Wo kommst du so schnell nicht mehr weg? **c)** Wo hat sich die Katze versteckt?
283 (a) nach Italien; **(b)** Dort; **(c)** in der Apotheke; **(d)** im Reisebüro

284 ★★☆ So ein Rummel!

Bilde mit den angegebenen adverbialen Bestimmungen des Ortes je einen Satz. Du kannst auch eine kleine Geschichte erzählen.

auf dem Rummel, vor der Würstchenbude, in der Geisterbahn, im Zelt, am Ausgang

____

____

____

____

____

____

____

____

285 ★★★ Wo passiert was?

Ergänze bei jedem Satz eine adverbiale Bestimmung des Ortes. Lass deiner Fantasie freien Lauf.

a) Rudi fährt mit dem Fahrrad ______________________.

b) Kenneth wohnt in einem Haus ______________________.

c) Till lässt ______________________ seinen Drachen steigen.

d) Viola geht heute ______________________.

e) Susanne besucht ihre Tante ______________________.

f) Ich werde morgen ______________________ einen Computer kaufen.

285 So könnte deine Lösung aussehen:
a) Rudi fährt mit dem Fahrrad im Hof/auf der Straße/ …
b) Kenneth wohnt in einem Haus am See/im Wald …
c) Till lässt auf der Wiese/auf dem Berg … seinen Drachen steigen.
d) Viola geht heute in die Stadt/in den Supermarkt …
e) Susanne besucht ihre Tante auf dem Land/in England …
f) Ich werde morgen in der Stadt/in einem Fachgeschäft … einen Computer kaufen.

286 ★☆☆ Wer weiß wann?

Unterstreiche alle adverbialen Bestimmungen der Zeit (Zeitangaben).

Jana geht donnerstags ins Schwimmbad. Dort trifft sie sich mit ihrer Freundin Pauline am frühen Nachmittag. Später gehen sie gemeinsam in die Eisdiele. Dort treffen sie dann Ricarda. Abends gehen alle wieder nach Hause.

287 ★☆☆ Frag mal wann!

Erfrage das unterstrichene Satzglied.

a) Terry geht freitags nachmittags in die Musikschule zum Geigenunterricht.

____

b) John ist gerade in die Bibliothek gegangen.

____

c) Antje hat vor langer Zeit mit dem Fußballspielen begonnen.

____

288 ★★☆ Ein heißer Sommer

Setze die passenden adverbialen Bestimmungen der Zeit ein. (Tipp: Lies den Text einmal ganz durch, bevor du die Lücken ausfüllst.

am späten Nachmittag, jetzt, nachher, morgen

(a) __________ ist es am See viel zu heiß. Wir könnten doch einfach **(b)** __________ wiederkommen. **(c)** ____________________ ist es normalerweise etwas kühler. Falls es dann regnet, müssen wir unseren Ausflug eben auf **(d)** __________ verschieben.

286 Jana geht donnerstags ins Schwimmbad. Dort trifft sie sich mit ihrer Freundin Pauline am frühen Nachmittag. Später gehen sie gemeinsam in die Eisdiele. Dort treffen sie dann Ricarda. Abends gehen alle wieder nach Hause.
287 a) Wann geht Terry in die Musikschule zum Geigenunterricht? **b)** Wann ist John in die Bibliothek gegangen?
c) Wann hat Antje mit dem Fußballspielen begonnen?
288 (a) jetzt; **(b)** nachher; **(c)** am späten Nachmittag; **(d)** morgen

289 ★★☆ Wann passiert was?

Ergänze die folgenden adverbialen Bestimmungen der Zeit.
(Tipp: Bei manchen Sätzen sind mehrere Lösungen richtig.)

nächste Woche, Mitternacht, heute, später, am Abend

Tanja geht mit ihrer Tante **(a)** ______________ spazieren. Ute hat für **(b)** ______________ alle Freunde eingeladen. Tara möchte die Hausaufgaben nicht jetzt, sondern **(c)** ______________ machen. Ole geht **(d)** ______________ mit Freunden zum Fußballspiel. Alfred kommt heute nicht vor **(e)** ______________.

290 ★★★ Der Zieleinlauf

Bilde mit den angegebenen adverbialen Bestimmungen der Zeit je einen Satz. Du kannst auch eine kleine Geschichte erzählen.

vor acht Jahren, heute, zuerst, später, am Ende

____

____

____

____

____

____

____

____

289 So könnte deine Lösung aussehen: **(a)** Tanja geht mit ihrer Tante heute spazieren. **(b)** Ute hat für nächste Woche alle Freunde eingeladen. **(c)** Tara möchte die Hausaufgaben nicht jetzt, sondern später machen. **(d)** Ole geht am Abend mit Freunden zum Fußballspiel. **(e)** Alfred kommt heute nicht vor Mitternacht.

290 So könnte deine Lösung aussehen: Charlotte hat vor acht Jahren mit Leichtathletik begonnen. Darum hat sie heute das Rennen auch gewonnen. Zuerst ist sie die Schnellste beim Start gewesen. Später wurde sie zwar überholt, aber da sie am Ende die bessere Kondition bewiesen hat, hat sie das Rennen doch noch gewonnen.

291 ★☆☆ Wer weiß warum?

Unterstreiche alle adverbialen Bestimmungen des Grundes.

Wegen des Schulfests wollten wir eigentlich alle Aktivitäten nach draußen verlagern, aber es schüttete in Strömen und wegen des Regens musste nun alles im Schulhaus stattfinden. Aufgrund des guten Verhaltens aller wird es bald wieder ein Schulfest geben.

292 ★☆☆ Frag mal warum!

Erfrage das unterstrichene Satzglied.

a) Vor Unachtsamkeit ist sie in ein Ameisennest getreten.

____

b) Wegen des Regens musste das Spiel abgesagt werden.

____

c) Aus Wut zertrümmerte sie eine Fensterscheibe.

____

293 ★★☆ Doofe Party

Setze die passenden adverbialen Bestimmungen des Grundes ein.

vor lauter Angst, wegen, aufgrund, aus Unachtsamkeit

Janinas letzter Geburtstag war **(a)** ______________ vieler kleiner, blöder Missgeschicke eine Katastrophe. **(b)** ______________ kippte Janinas kleiner Bruder den Nudelsalat um und der Hund zog **(c)** ______________ an der Tischdecke. **(d)** ______________ der Sauerei verließen alle Gäste die Feier.

291 Wegen des Schulfests … wegen des Regens … Aufgrund des guten Verhaltens aller …
292 a) Warum ist sie in ein Ameisennest getreten? **b)** Warum musste das Spiel abgesagt werden? **c)** Warum zertrümmerte sie eine Fensterscheibe?
293 (a) aufgrund/wegen; **(b)** aus Unachtsamkeit; **(c)** vor lauter Angst; **(d)** wegen

294 ★★☆ Der Dieb

Bilde mit den angegebenen adverbialen Bestimmungen des Grundes je einen Satz. Du kannst auch eine kleine Geschichte erzählen.

vor Ungeduld, wegen der Verspätung, aufgrund der vielen Menschen, durch mutiges Eingreifen

____

____

____

____

____

____

____

295 ★★★ Warum?

Ergänze die adverbialen Bestimmungen des Grundes.

(a) Andy kann ______________________ (Lärm) nicht schlafen.

(b) Jürgen kommt ______________________ (zeitliche Gründe) nicht zur Party.

(c) Felix konnte ______________________ (Bauchschmerzen) nichts essen.

(d) Erik sah ______________________ (Dunkelheit) nur wenig.

(e) ______________________ (hohe Wellen) schwankt das Schiff.

294 So könnte deine Lösung aussehen: Vor Ungeduld spielt Jan an der Bushaltestelle mit seiner Monatskarte, denn Jan hat Angst, dass er wegen der Verspätung des Busses seine Lieblingsserie verpassen könnte. Aufgrund der vielen Menschen an der Haltestelle bemerkt Jan nicht, dass ein Mann ihm den Geldbeutel stehlen will. Durch mutiges Eingreifen einer Frau, die den Täter stellt, hat Jan nun seinen Geldbeutel wieder.

295 (a) Andy kann wegen des Lärms nicht schlafen. **(b)** Jürgen kommt aus zeitlichen Gründen nicht zur Party. **(c)** Felix konnte wegen seiner/der Bauchschmerzen nichts essen. **(d)** Erik sah wegen der Dunkelheit nur wenig. **(e)** Wegen der hohen Wellen schwankt das Schiff.

296 ★☆☆ Wer weiß wie?

Unterstreiche alle adverbialen Bestimmungen der Art und Weise.

Marcel macht seinen Küchendienst im Feriencamp sehr ordentlich. Miriam hingegen arbeitet sehr eilig. Wenn Birgit Küchendienst hat, arbeitet sie ohne erkennbares System. Auch unter großer Anstrengung kann dann niemand mehr etwas finden.

297 ★☆☆ Frag mal wie!

Erfrage das unterstrichene Satzglied.

a) Katharina macht ihre Hausaufgaben <u>manchmal nicht ordentlich.</u>

____

b) Egon sieht sich <u>verliebt</u> im Spiegel an.

____

c) Mira versorgt ihre Streifenhörnchen <u>sehr gewissenhaft.</u>

____

298 ★★☆ Der große Hausputz

Setze die passenden adverbialen Bestimmungen der Art und Weise ein.
(Tipp: Lies den Text einmal ganz durch, bevor du die Lücken ausfüllst.)

besonders gründlich, nicht gerne, lieber, oberflächlich

Beim großen Hausputz wird alles **(a)** ______________________ geputzt. Philipp putzt die Fenster aber nur **(b)** ______________________, denn alles, was lange dauert, macht Philipp **(c)** ______________________. **(d)** ____________ erledigt er eine anstrengende Arbeit in kurzer Zeit.

296 sehr ordentlich; sehr eilig; ohne erkennbares System; unter großer Anstrengung
297 a) Wie macht Katharina ihre Hausaufgaben? **b)** Wie sieht sich Egon im Spiegel an? **c)** Wie versorgt Mira ihre Streifenhörnchen?
298 (a) besonders gründlich; **(b)** oberflächlich; **(c)** nicht gerne; **(d)** lieber

299 ★★☆ In der Glasbläserei

Bilde mit den angegebenen adverbialen Bestimmungen der Art und Weise je einen Satz. Du kannst auch eine kleine Geschichte erzählen.

schwitzend, schnell, ganz vorsichtig, behutsam, voller Bewunderung

____

____

____

____

____

____

____

300 ★★★ Was passiert wie?

Ergänze die passenden adverbialen Bestimmungen der Art und Weise. (Tipp: Bei manchen Sätzen sind mehrere Lösungen richtig.)

auswendig, gerne, schlecht, zuverlässig und zügig, regelmäßig

Marvin arbeitet **(a)** ______________________________.

Christoph kennt seinen Schulweg **(b)** ______________________________.

Heiko spielt **(c)** ______________________________ Fußball.

Nina reitet **(d)** ______________________________.

Ulf spielt **(e)** ______________________________ Trompete.

299 So könnte deine Lösung aussehen: Der Glasbläser steht schwitzend vor dem Ofen. Schnell dreht er einen Stab, an dem flüssiges Glas klebt. Ganz vorsichtig bläst er in ein Rohr, sodass das flüssige Glas wie ein Ballon aufgeblasen wird. Behutsam zeigt er das fertige Stück den Zuschauern, die voller Bewunderung applaudieren.
300 So könnte deine Lösung aussehen: **(a)** Marvin arbeitet zuverlässig und zügig. **(b)** Christoph kennt seinen Schulweg auswendig. **(c)** Heiko spielt regelmäßig Fußball. **(d)** Nina reitet gerne. **(e)** Ulf spielt schlecht Trompete.

301 ★☆☆ Genauer geht's nicht

Was bestimmt das markierte Wort näher?

a) Unser fleißiger Hausmeister **Hans** hält die Schule immer sauber.

- ○ hält
- ○ unser fleißiger Hausmeister

b) **Das Fell** einer Perserkatze ist besonders flauschig.

- ○ einer Perserkatze
- ○ ist

c) **Der Junge** von nebenan ist besonders fies.

- ○ von nebenan
- ○ besonders fies

d) Sie hatte sich den **Namen** des Gemäldes gemerkt.

- ○ gemerkt
- ○ des Gemäldes

e) Kommt ihr aus dem schönen **Australien** ?

- ○ schönen
- ○ ihr

302 ★☆☆ Lillian und Gillian

Ergänze den Dialog mit den angegebenen Attributen.

unserer Nachbarn, riesigen, mit der Glocke, getigerte, guter

Lillian: Siehst du die Katze? Gillian: Welche Katze? Lillian: Das ist doch ganz klar! Die **(a)** ____________________ Katze! Gillian: Klar, die am Baum meinst du doch, oder? Lillian: An welchem Baum? Gillian: Am Baum **(b)** ______________________________. Lillian: Nein, ich meine die Katze **(c)** ______________________________. Gillian: Ach, die auf der **(d)** __________________ Terrasse? Lillian: Ja genau, die Katze meine ich. Siehst du sie? Gillian: Ich kann sie trotz **(e)** ______________ Augen nicht sehen. Lillian: Gut, ich auch nicht.

301 a) unser fleißiger Hausmeister; **b)** einer Perserkatze; **c)** von nebenan; **d)** des Gemäldes; **e)** schönen
302 (a) getigerte; **(b)** unserer Nachbarn; **(c)** mit der Glocke; **(d)** riesigen; **(e)** guter

303 ★★☆ Der Wissenschaftswettbewerb

Jährlich findet für alle Kinder der Region ein Wissenschaftswettbewerb statt. Ergänze die Lücken mit den passenden Attributen. (Tipp: Lies den Text einmal ganz durch, bevor du die Lücken ausfüllst.)

streng, aus Leipzig, batteriebetrieben, Wettbewerb,
interessiert, klein, intelligent, energiesparend

Ein Mädchen **(a)** ______________________ stellt der **(b)** ______________________

Jury einen **(c)** ______________________________________ Wasserkocher

vor. Ein Junge aus dem **(d)** ________________ Ort Mini überzeugt die

(e) ____________________________ Besucher der Veranstaltung mit einem

(f) __________________________, ferngesteuerten Roboter. Die Gewinnerin

(g) ____________________________ aber ist ein 13-jähriges Mädchen, das

eine **(h)** ____________________________ Fernbedienung konstruiert hat.

304 ★★★ Lieber noch mal nachfragen

Denke dir passende Attribute aus.

Johanna: Können wir morgen mit dem Bus ins Schwimmbad?
Klaus: Mit welchem Bus?
Wir fahren mit dem Bus der städtischen Verkehrsbetriebe.

a) Johanna: Dann treffen wir uns morgen auf dem Fußballplatz.

Klaus: Auf welchem Fußballplatz?

Johanna: ____

b) Johanna: Ich bringe noch eine Freundin mit.

Klaus: Welche Freundin?

Johanna: ____

303 (a) aus Leipzig; **(b)** strengen; **(c)** energiesparenden; **(d)** kleinen; **(e)** interessierten;
(f) batteriebetriebenen; **(g)** des Wettbewerbs; **(h)** intelligente
304 So könnte deine Lösung aussehen: **a)** Wir treffen uns auf dem Fußballplatz bei mir um die Ecke/in Dettingen/ …
b) Ich bringe meine beste / älteste / … Freundin mit.

305 ★★☆ Auf dem Flohmarkt

Ob es sich um ein Attribut oder um eine adverbiale Bestimmung handelt, erfährst du durch die Umstellprobe. Weil das Attribut kein eigenes Satzglied, sondern nur ein Teil eines Satzglieds ist, lässt es sich nicht alleine verschieben, sondern bewegt sich nur mit dem anderen Teil des Satzglieds.
Stelle jeden Satz um und entscheide, ob das Unterstrichene ein Attribut oder eine adverbiale Bestimmung ist.

a) Der Stand von Stefanie befindet sich am Eingang.

____

adverbiale Bestimmung ○ Attribut ○

b) Paul verkauft alte Comic-Hefte.

____

adverbiale Bestimmung ○ Attribut ○

c) Cassandra kann in dem Getümmel ihre Mutter leider nicht finden.

____

adverbiale Bestimmung ○ Attribut ○

306 ★★☆ Wenn man es genau wissen will ...

Unterstreiche die Attribute.

Carsten fährt ein schnelles Auto. Frederik leistet gute Arbeit. Heike hat einen neuen Freund. Linda sucht den Stein der Weisen. Ömer führt den Hund der Nachbarn auf der Wiese spazieren. Jenny lässt die gekaufte Milch im Supermarkt liegen. Anja, meine beste Freundin, kommt zu Besuch. Eike hat einen fiesen Hund. Eike ist aber selbst auch ein fieser Typ. Ulla kann bellen wie ein richtiger Hund. Die Freundin von Ulla muss immer darüber lachen.

305 So könnte deine Lösung aussehen: **a)** Am Eingang befindet sich der Stand von Stefanie. (Attribut) **b)** Alte Comic-Hefte verkauft Paul. (Attribut) **c)** Leider kann Cassandra ihre Mutter in dem Getümmel nicht finden. (adverbiale Bestimmung)

306 Carsten fährt ein schnelles Auto. Frederik leistet gute Arbeit. Heike hat einen neuen Freund. Linda sucht den Stein der Weisen. Ömer führt den Hund der Nachbarn auf der Wiese spazieren. Jenny lässt die gekaufte Milch im Supermarkt liegen. Anja, meine beste Freundin, kommt zu Besuch. Eike hat einen fiesen Hund. Eike ist aber selbst auch ein fieser Typ. Ulla kann bellen wie ein richtiger Hund. Die Freundin von Ulla muss immer darüber lachen.

307 ★★☆ Attribut oder adverbiale Bestimmung?

Entscheide, ob es sich um ein Attribut oder um eine adverbiale Bestimmung handelt.

a) Das Haus dort ist sehr hoch.

adverbiale Bestimmung ○ Attribut ○

b) Das Haus ist dort sehr hoch.

adverbiale Bestimmung ○ Attribut ○

c) Du kannst dir den Garten dort anschauen!

adverbiale Bestimmung ○ Attribut ○

d) Du kannst dir dort den Garten anschauen.

adverbiale Bestimmung ○ Attribut ○

e) Hier gibt sie ihm das Buch.

adverbiale Bestimmung ○ Attribut ○

f) Sie gibt ihm das Buch hier.

adverbiale Bestimmung ○ Attribut ○

308 ★★☆ Auf dem Campingplatz

Unterstreiche alle Attribute.

Auf dem Campingplatz liegt der Hund unserer Zeltnachbarn den ganzen Tag in der prallen Sonne. Der Hund ist so faul, dass der Platzwart den Hund einmal für tot hielt. Der Platzwart sagte an der Rezeption des Campingplatzes Bescheid, damit man die Besitzer des Hundes benachrichtigen konnte. Als alle bestürzt zu dem angeblich toten Tier rannten, war Fiffi schon wieder unterwegs.

307 a) Attribut; **b)** adverbiale Bestimmung; **c)** Attribut; **d)** adverbiale Bestimmung; **e)** adverbiale Bestimmung; **f)** Attribut

308 Auf dem Campingplatz liegt der Hund unserer Zeltnachbarn den ganzen Tag in der prallen Sonne. Der Hund ist so faul, dass der Platzwart den Hund einmal für tot hielt. Der Platzwart sagte an der Rezeption des Campingplatzes Bescheid, damit man die Besitzer des Hundes benachrichtigen konnte. Als alle bestürzt zu dem angeblich toten Tier rannten, war Fiffi schon wieder unterwegs.

309 ★★☆ Wer baut den schönsten Schneemann?

Im Januar findet in Winzingen der Wettbewerb „Wer baut den schönsten Schneemann?“ statt. Verwende die folgenden Attribute und schreibe einen kleinen Bericht über den diesjährigen Wettbewerb.

des Bürgermeisters, riesiger, mit Hut und Möhre, des Siegers, schönen glänzenden Augen

310 ★★★ Die Siegerehrung

Schreibe die Sätze ab und ergänze bei den unterstrichenen Nomen ein Attribut.

a) Den ersten Platz belegte Pauls Schneemann.

b) Auf dem zweiten Platz landete eine Schneefrau.

c) Jasmin ist die Erbauerin des Drittplatzierten.

309 So könnte deine Lösung aussehen: Den Beginn der diesjährigen Beurteilung machte wie immer der Schneemann des Bürgermeisters. Danach wurde ein riesiger Schneemann von der Jury bestaunt. Auf einem der oberen Plätze landete ein kleiner Schneemann mit Hut und Möhre. Der Schneemann des Siegers aber gewann wegen der schönen glänzenden Augen.

310 So könnte deine Lösung aussehen: **a)** Pauls Schneemann mit den großen braunen Augen; **b)** eine fröhlich blickende Schneefrau; **c)** Die kleine Jasmin …

311 ★☆☆ Eine schöne Ordnung

Schreib auf, wie die Wörter richtig heißen.

a) Kaffeebuch und Tagebecher,

b) Wellenlust und Reisebrecher,

c) Haarstück und Theaterkamm,

d) Osteruhr und Kuckuckslamm.

e) Regenschein und Sonnenguss,

f) Haselhund und Blindennuss,

g) Schlüsseltee und Früchteloch

gibt es nicht und gibt es doch.

312 ★☆☆ Was darf es denn sein?

Unterstreiche alle Zusammensetzungen (Komposita).

Katrin: „Guten Tag, ich hätte gerne eine Kronenplatte."

Frau Krämer: „Eine Kronenplatte habe ich heute nicht im Angebot. Wie wäre es denn mit einer Hühnerform?"

Katrin: „Nein, ich probiere es heute mit einem Zipfelhupf."

311 a) Kaffeebecher, Tagebuch; **b)** Wellenbrecher, Reiselust; **c)** Haarkamm, Theaterstück; **d)** Osterlamm, Kuckucksuhr; **e)** Regenguss, Sonnenschein; **f)** Haselnuss, Blindenhund; **g)** Schlüsselloch, Früchtetee

312 Katrin: „Guten Tag, ich hätte gerne eine Kronenplatte." Frau Krämer: „Eine Kronenplatte habe ich heute nicht im Angebot. Wie wäre es denn mit einer Hühnerform?" Katrin: „Nein, ich probiere es heute mit einem Zipfelhupf."

313 ★☆☆ Was darf es denn diesmal sein?

Kombiniere die folgenden Fantasiewörter so, dass Zusammensetzungen entstehen. Lass deiner Fantasie freien Lauf.

Tiba, Hube, Jube, Tute, Hala, Faba, Uten, Putt, Hada, Patt

Katrin: „Guten Tag, ich hätte gerne eine **(a)** ______________________."

Frau Krämer: „Eine **(b)** ______________________ habe ich heute nicht im Angebot.

Wie wäre es denn mit einer **(c)** ______________________?"

Katrin: „Nein, ich probiere es heute mit einem **(d)** ______________________."

Frau Krämer: „Der **(e)** ______________________ ist eine gute Wahl. Ich könnte aber

auch das **(f)** ______________________ empfehlen." Katrin: „Ich habe meine Meinung

geändert. Ich nehme heute doch weder das **(g)** ______________________ noch das

(h) ______________________, sondern das **(i)** ______________________."

314 ★★☆ Was gehört zusammen?

Hier sind alle Zusammensetzungen auseinandergefallen. Verbinde sie wieder.
Alle vorgegebenen Wörter sind kleingeschrieben. Achte beim Zusammensetzen auf die Groß- und Kleinschreibung.

maus, schreib, stunde, trage, beutel, pferde, hals, tasche, bärchen, rad,
computer, gummi, riesen, klavier, tisch, tee, schmerzen, koppel

____

____

____

____

____

313 So könnte deine Lösung aussehen: **(a)** Tibahube; **(b)** Tibahube; **(c)** Jubetute; **(d)** Halafaber; **(e)** Halafaber; **(f)** Utenputt; **(g)** Halafaber; **(h)** Utenputt; **(i)** Hadapatt

314 Computermaus, Schreibtisch, Klavierstunde, Riesenrad, Gummibärchen, Tragetasche, Halsschmerzen, Teebeutel, Pferdekoppel

315 ★★★ Zerfetze die Wörter!

Jedes der Wörter besteht aus zwei Bestandteilen. Bestimme die Wortart jedes Bestandteils und trage dann das Wort in die Tabelle ein.

aufhalten, vogelfrei, Laufschuhe, Schafsweide, Mitschüler, Kleintier, schneckenlangsam, mitnehmen, Aufbau, Klassenbuch, Gehhilfe, Schönschrift,

Nomen und Nomen	Nomen und Adjektiv	Adjektiv und Nomen	Verb und Nomen	Präposition und Nomen	Präposition und Verb

316 ★★★ Klebe die Wörter!

Bilde aus den vorgegebenen Wortfetzen neue Komposita und ordne sie in die Tabelle ein. Alle vorgegebenen Wörter sind kleingeschrieben. Achte beim Zusammensetzen auf die Groß- und Kleinschreibung.

bücher, weiß, an, regal, held, schrei, holen, schnee, hals, auf, pfiff, super

Nomen und Nomen	Nomen und Adjektiv	Adjektiv und Nomen	Verb und Nomen	Präposition und Nomen	Präposition und Verb

315 Nomen und Nomen: Schafsweide, Klassenbuch; **Nomen und Adjektiv:** vogelfrei, schneckenlangsam; **Adjektiv und Nomen:** Schönschrift, Kleintier; **Verb und Nomen:** Laufschuhe, Gehhilfe; **Präposition und Nomen:** Aufbau, Mitschüler; **Präposition und Verb:** aufhalten, mitnehmen
316 Nomen und Nomen: Bücherregal; **Nomen und Adjektiv:** schneeweiß; **Adjektiv und Nomen:** Superheld; **Verb und Nomen:** Schreihals; **Präposition und Nomen:** Anpfiff; **Präposition und Verb:** aufholen

317 ★★☆ Aus eins mach zwei!

Denke dir vier zusammengesetzte Wörter aus, die das Wort am Anfang der Zeile enthalten.

a) Auto: ______________________

____

b) Haus: ______________________

____

c) Tier: ______________________

____

d) Schule ______________________

____

e) Fahrrad: ______________________

____

318 ★★☆ Viele Möglichkeiten

**Kombiniere die angegebenen Wörter mit *Baum, Auto, Zug* und *Kerze*.
Trage sie in die Tabelle ein.**

Krone, Schein, Bahn, Wachs, Führer, Werkstatt, Fahrkarte

Baum	Auto	Zug	Kerze
Baumhaus			

317 So könnte deine Lösung aussehen: **a)** Autohaus, Autotür, Autoführerschein, Spielzeugauto; **b)** Hausbau, Haustür, Krankenhaus, Schulhaus; **c)** Tiergarten, Tierfutter, Kleintier, Tierpension; **d)** Grundschule, Realschule, Schulfest, Schulaufgabe; **e)** Fahrradlampe, Fahrradgeschäft, Fahrradtour, Damenfahrrad
318 Baum: Baumkrone; **Auto:** Autobahn, Autowerkstatt; **Zug:** Zugfahrkarte, Zugführer;
Kerze: Kerzenwachs, Kerzenschein

319 ★☆☆ Das Grundwort

Zusammensetzungen bestehen oft aus einem Grundwort und einem Bestimmungswort. Das Grundwort sagt aus, was etwas ist (z. B. Ein Jagdhund ist ein Hund.). Das Bestimmungswort bezeichnet das Grundwort genauer (z. B. Ein Jagdhund ist ein Hund für die Jagd.). Entscheide, ob der markierte Wortteil das Grundwort ist.

a) Kaufhausdetektiv

ja nein

b) Schreibtisch

ja nein

c) Eingangstür

ja nein

d) Hintereingang

ja nein

e) Schutzimpfung

ja nein

f) Impfschutz

ja nein

g) Feueralarm

ja nein

320 ★☆☆ Das Bestimmungswort

Unterstreiche alle Bestimmungswörter.

Schulhof, Garagentür, Holzklotz, Federtasche, Kuchengabel, Turnschuhe, Partygast,

himmelblau, Treppengeländer, Sicherheitsnadel, Kochtopf, Lampenschein

319 a) nein; **b)** ja; **c)** nein; **d)** nein; **e)** nein; **f)** nein; **g)** ja
320 Schulhof, Garagentür, Holzklotz, Federtasche, Kuchengabel, Turnschuhe, Partygast, himmelblau, Treppengeländer, Sicherheitsnadel, Kochtopf, Lampenschein

321 ★★☆ Grundwörter und Bestimmungswörter

Zerlege die Wörter in ihre Grundwörter und Bestimmungswörter und ordne diese in die Tabelle ein.

Speiseeis, Sommerferien, Hausaufgaben, Reiterhof, Computermaus, Taschentuch, Zierfisch

Grundwörter	Bestimmungswörter

322 ★★★ Wörter basteln

Stelle die folgenden Wortfetzen so zusammen, dass sich sinnvolle Kombinationen ergeben und trage sie unter „Komposita" ein. Finde dann heraus, welches das Grundwort und welches das Bestimmungswort ist.

Schrank, Pilz, Kleider, Schuh, Hand, Stift, Fliegen, Blei

Grundwörter	Bestimmungswörter	Komposita

321 Grundwörter: Eis, Ferien, Aufgaben, Hof, Maus, Tuch, Fisch;
Bestimmungswörter: Speise, Sommer, Haus, Reiter, Computer, Taschen, Zier
322 Kleiderschrank: Kleider (Bestimmungswort), Schrank (Grundwort);
Fliegenpilz: Fliegen (B), Pilz (G); **Handschuh:** Hand (B), Schuh (G); **Bleistift:** Blei (B), Stift (G)

323 ★★☆ Welche Aussage trifft es am besten?

Kreuze an, welche Aussage über das Wort am meisten zutrifft.

a) Honigbiene

- Eine Honigbiene ist ein Tier. ○
- Eine Honigbiene ist eine Biene. ○
- Eine Honigbiene ist eine Biene, die Honig produziert. ○
- Eine Honigbiene schmeckt gut. ○

b) Wildschwein

- Ein Wildschwein ist schmutzig. ○
- Ein Wildschwein ist wild. ○
- Ein Wildschwein ist ein Schwein, das wild lebt. ○

c) Suppenschüssel

- Eine Suppenschüssel zerbricht immer, wenn sie fällt. ○
- Eine Suppenschüssel ist eine Schüssel für Suppe. ○
- Eine Suppenschüssel ist eine Schüssel. ○

324 ★★☆ Was ist eigentlich ein X?

Erkläre die folgenden Wörter möglichst genau.

a) Die Herbstferien sind ______________________________

____

b) Der Zuckerguss ist ______________________________

____

323 a) Eine Honigbiene ist eine Biene, die Honig produziert. **b)** Ein Wildschwein ist ein Schwein, das wild lebt. **c)** Eine Suppenschüssel ist eine Schüssel für Suppe.
324 a) Die Herbstferien sind Ferien, die in die Jahreszeit Herbst fallen. **b)** Der Zuckerguss ist ein Guss, der aus Zucker besteht.

325 ★★☆ Mehr davon!

Man kann aus einem Grundwort mithilfe verschiedener Bestimmungswörter viele neue Wörter bilden. Lass dir zu jedem Grundwort drei Zusammensetzungen einfallen.

a) Kanne: ______

b) Blume: ______

c) Tier: ______

d) Karte: ______

e) Rad: ______

f) Straße: ______

g) Fisch: ______

h) Fest: ______

i) Schuhe: ______

326 ★★★ Die Schlange, die Wörter frisst

Ein Grundwort kann in einer anderen Zusammensetzung ein Bestimmungswort werden und ein Bestimmungswort kann in einer anderen Zusammensetzung ein Grundwort werden. Führe die Wortschlange fort.

Schüttelfrost, Frostschutz, ______

______

______

______

______

325 So könnte deine Lösung aussehen: **a)** Kaffeekanne, Teekanne, Gießkanne; **b)** Schlüsselblume, Sonnenblume, Glockenblume; **c)** Raubtier, Säugetier, Weichtier; **d)** Spielkarte, Eintrittskarte, Fahrkarte; **e)** Wagenrad, Fahrrad, Drehrad; **f** Einbahnstraße, Hauptstraße, Landstraße; **g)** Zierfisch, Raubfisch, Speisefisch; **h)** Weihnachtsfest, Passahfest, Osterfest; **i)** Wanderschuhe, Turnschuhe, Stöckelschuhe

326 So könnte deine Lösung aussehen: Schutzschild, Schildbürger, Bürgeramt, Amtsschimmel, Schimmelreiter, Reiterferien, Ferienreise, Reisebus, Busfahrt, Fahrtziel, Zielstraße, Straßenname, Namensgebung, …

327 ★☆☆ Die Traummaschine

Neue Wörter können gebildet werden, indem man ein Wort mit einer Vorsilbe (Präfix) oder einer Nachsilbe (Suffix) versieht. Der Wortstamm bleibt erhalten. Unterstreiche den Wortstamm der markierten Wörter.

Oft denkt Martina vor dem **(a)** Einschlafen, wie schön es doch wäre, wenn man eine Traummaschine hätte. Man müsste sie nur programmieren und dann würde sie nachts das zeigen, was man sich schon immer **(b)** erträumt hat. Nach dem **(c)** Aufwachen müsste man die Maschine einfach wieder **(d)** abstellen und man könnte fröhlich **(e)** aufstehen. Dann aber **(f)** überdenkt Martina die Sache noch einmal und kommt zu der **(g)** Einsicht, dass es sehr langweilig wäre, wenn man schon wüsste, was man gleich träumt.

328 ★☆☆ Kinokassenschlager

Unterstreiche alle Wörter mit Präfix oder Suffix und ordne sie dann in die Tabelle ein.

Filme, in denen sich Menschen verlieben, oder solche, in denen die Welt von einem Superhelden gerettet wird, aber auch solche, bei denen manche Szenen vor lauter Blut ganz eklig sind, locken die Menschen in die Kinos. Manche mögen Filme, die man nur schwer versteht, andere mögen es gruselig. Es gibt auch Menschen, die sich am liebsten Tierfilme ansehen. Lustig ist es auch, einen Animationsfilm zu sehen.

Wörter mit Präfix	Wörter mit Suffix

327 **(a)** schlaf; **(b)** träum; **(c)** wach; **(d)** stell; **(e)** steh; **(f)** denk; **(g)** sicht
328 **Wörter mit Präfix:** verlieben, gerettet, versteht, ansehen; **Wörter mit Suffix:** eklig, gruselig, lustig

329 ★★☆ Da fliegen die Wortfetzen!

Ordne die Präfixe und Suffixe den Wortstämmen so zu, dass sinnvolle Wörter entstehen.

vor, mit, an, Fröhlich, Gefäng, Vor, Sicher, un, Freund, freund, wunder, glaub, Ehrlich, ver, an

ständig, möglich, bar, trauen, nis, heit, nehmen, schaft, teilen, pöbeln, haft, keit, lich, bild, keit

330 ★★☆ Simsalabim

Was man aus einem Wort alles zaubern kann ... Bilde zu den angegebenen Wörtern jeweils zwei Ableitungen.

a) traurig:

b) kochen:

c) schreiben:

d) achten:

e) lernen:

f) sprechen:

g) Wandel:

h) Ekel:

329 vornehmen, mitteilen, anständig, Fröhlichkeit, Gefängnis, Vorbild, Sicherheit, unmöglich, Freundschaft, freundlich, wunderbar, glaubhaft, Ehrlichkeit, vertrauen, anpöbeln

330 So könnte deine Lösung aussehen: **a)** Traurigkeit, betrauern; **b)** abkochen, verkochen; **c)** abschreiben, aufschreiben; **d)** beachten, verachten; **e)** erlernen, verlernen; **f)** versprechen, besprechen; **g)** verwandeln, wandelbar; **h)** ekeln, eklig

331 ★☆☆ Verb + X

Bilde mit dem Stamm des vorgegebenen Verbs und einem Suffix ein Nomen.

freuen	*Freude*	glauben	
schreiben		drucken	
verkaufen		backen	
lesen		sehen	
kaufen		träumen	
achten		lichten	
sichten		färben	
anstrengen		halten	

332 ★☆☆ Adjektiv + X

Bilde mit dem Stamm des vorgegebenen Adjektivs und einem Suffix ein Nomen.

schön	*Schönheit*	fröhlich	
klug		trocken	
heiser		sauber	
hell		dunkel	
krank		traurig	
dumm		schnell	
langsam		heiter	
bissig		feige	

331 So könnte deine Lösung aussehen: Freude, Glaube, Schreiber, Drucker, Verkäufer, Bäcker, Leser, Seher, Käufer, Träumer, Achtung, Lichtung, Sichtung, Färbung, Anstrengung, Haltung

332 Schönheit, Fröhlichkeit, Klugheit, Trockenheit, Heiserkeit, Sauberkeit, Helligkeit, Dunkelheit, Krankheit, Traurigkeit, Dummheit, Schnelligkeit, Langsamkeit, Heiterkeit, Bissigkeit, Feigheit

333 ★☆☆ X + Suffix = Adjektiv

Forme den Wortstamm mit einem Suffix zum Adjektiv um.
Dir stehen folgende Suffixe zur Verfügung: *-ig, -bar, -lich, -isch*
(Tipp: Bei dem Verb *sehen* verändert sich der Wortstamm!)

Sonne	sonnig	Wind	______
Wasser	______	verändern	______
essen	______	Feuer	______
bewohnen	______	ausleihen	______
auffinden	______	reich	______
sehen	______	Hektik	______
Spiel	______	Fleiß	______
fahren	______	machen	______

334 ★★☆ Leon fragt

Ergänze die Lücken, indem du das unterstrichene Wort zu einem Adjektiv machst.

a) Leon: Kann ich die Äpfel essen?

Monika: Ja, die Äpfel sind nämlich ______________________.

b) Leon: Kann ich bei dem Sturm nach draußen?

Monika: Ja, aber pass auf! Es ist sehr ______________________.

c) Leon: Und es hat heute Nacht Frost gegeben.

Monika: Dann wird es sicherlich auch noch ______________________ sein.

d) Leon: Geh ich dir eigentlich gerade auf die Nerven?

Monika: Ja, du machst mich gerade ganz ______________________.

e) Leon: Du siehst ja aus wie ein Gespenst. Das ist ______________________.

333 So könnte deine Lösung aussehen: sonnig, windig, wässrig, veränderbar, essbar, feurig, bewohnbar, ausleihbar, auffindbar, reichlich, sichtbar, hektisch, spielerisch, fleißig, fahrbar, machbar
334 a) essbar; **b)** stürmisch; **c)** frostig; **d)** nervös; **e)** gespenstig/gespenstisch

335 ★☆☆ Die Verwandten kommen!

Ordne die Wörter ihren Familien zu.

Dauerlauf, Schrift, lächeln, totlachen, Vorsicht, Aufsehen, anlaufen, beschreiben, umschreiben, Kreislauf, Schönschrift, Lachsack, auslachen, fernsehen, Umsicht, verlaufen

Familie: lachen	Familie: schreiben	Familie: sehen	Familie: laufen

336 ★★☆ Verwandtschaft gesucht!

Finde zu den angegebenen Familien nun selbst jeweils drei Verwandte.

Familie: singen	Familie: Zeit	Familie: Leben	Familie: warten

335 lachen: lächeln, totlachen, Lachsack, auslachen; **schreiben:** Schrift, beschreiben, umschreiben, Schönschrift; **sehen:** Vorsicht, Aufsehen, fernsehen, Umsicht; **laufen:** Dauerlauf, anlaufen, Kreislauf, verlaufen

336 So könnte deine Lösung aussehen: **singen:** Gesang, Singvogel, Gesangverein; **Zeit:** zeitig, Zeitverschiebung, Zeitmessung; **Leben:** lebenslustig, lebensmüde, erleben; **warten:** Erwartung, Wartestellung, abwarten

337 ★★☆ Mach was Anderes daraus!

Bilde ein verwandtes Wort, das zu der Wortart gehört, die in Klammern steht.

a) stehlen: Diebstahl (Nomen)

b) Regen: ______________ (Adjektiv)

c) faul: ______________ (Verb)

d) Kunst: ______________ (Adjektiv)

e) Getränk: ______________ (Verb)

f) schwimmen: ______________ (Nomen)

g) richtig: ______________ (Verb)

h) klammern: ______________ (Nomen)

i) Nässe: ______________ (Adjektiv)

338 ★★☆ Im Schreibwarenladen

Setze die Geschichte fort und bringe möglichst viele Verwandte des Wortes *schreiben* unter.

Grit hat zum Schulanfang einen neuen Schreibtisch bekommen und geht nun mit ihrer Mutter in den Schreibwarenladen, um eine Schreibunterlage zu besorgen.

____

____

____

____

____

____

337 So könnte deine Lösung aussehen: **a)** Diebstahl; **b)** regnerisch; **c)** faulenzen; **d)** künstlich/künstlerisch; **e)** trinken; **f)** Schwimmer/Schwimmbad; **g)** berichtigen/richtigstellen; **h)** Klammer; **i)** nass

338 So könnte deine Lösung aussehen: Grit, die noch nie in einem **Schreibwarenladen** war, macht große Augen. Da gibt es Bleistifte und Radiergummis, um **Geschriebenes** auszuradieren, wenn man sich **verschrieben** hat. Es gibt **Schreibstifte** aller Art und besondere Federn für **Schönschrift**.

339 ★☆☆ Richtig oder falsch?

a) Laufen ist so ähnlich wie aufräumen.

richtig ○ falsch ○

b) Trinken ist so ähnlich wie saufen.

richtig ○ falsch ○

c) Brutzeln ist so ähnlich wie braten.

richtig ○ falsch ○

d) Schlagen ist so ähnlich wie prügeln.

richtig ○ falsch ○

e) Fliegen ist so ähnlich wie lernen.

richtig ○ falsch ○

f) Hexen ist so ähnlich wie zaubern.

richtig ○ falsch ○

340 ★☆☆ Wer gehört zu wem?

Zu einem Wortfeld gehören Wörter, die zwar nicht den gleichen Wortstamm haben, sich aber ähnlich sind. Finde die Wörter, die zusammenpassen.

Schale, schlafen, Hund, Fluss, Köter, Schüssel, Haus, Leuchte, Anorak, Strom, Hütte, Jacke, pennen, Lampe

339 a) falsch; **b)** richtig; **c)** richtig; **d)** richtig; **e)** falsch; **f)** richtig

340 Schale – Schüssel; schlafen – pennen; Hund – Köter; Fluss – Strom; Haus – Hütte; Leuchte – Lampe; Anorak – Jacke

341 ★★☆ Sprachlos

Laura fallen nicht immer die richtigen Wörter ein, wenn sie sich mit ihrer Freundin unterhält. Hilf Laura bei ihrer Wortsuche. Für folgende Wörter sucht sie jeweils ein Wort, das eine ähnliche Bedeutung hat.

Forst, Buch, Auto, Fernseher, Haustür, Zug, Feld, Füller, Telefon, Schuhe, Pferd, Hut, Fahrrad, Toilette, Brief, Fahrt, Welt, Obst, Computer, Wettkampf, Rasen, Haus

342 ★★☆ Wie könnte man es noch benennen?

Finde zu den angegebenen Wortfeldern nun selbst jeweils fünf Wörter.

Geld	Mensch	laufen	denken

341 So könnte deine Lösung aussehen: Wald, Schmöker, Karre, Glotze, Eingang, Eisenbahn, Acker, Stift, Handy, Treter, Ross, Mütze, Mountainbike, Klo, Sendung, Reise, Erde, Frucht, Rechner, Wettbewerb, Wiese, Gebäude

342 So könnte deine Lösung aussehen: **Geld:** Kohle, Knete, Zahlungsmittel, Zaster, Pinke; **Mensch:** Mann, Frau, Kind, Typ, Kerl; **laufen:** rennen, joggen, gehen, spazieren, schlendern; **denken:** grübeln, nachsinnen, überlegen, nachdenken, meinen

343 ★★☆ Lass das, ich hass das!

Tom, Merle, Tina, Verena und Katja unterhalten sich über Dinge, die sie an ihren jüngeren Geschwistern nicht mögen.
Schreibe auf, was die fünf an ihren Geschwistern nicht mögen. Verwende dabei so viele unterschiedliche Begriffe für *nicht mögen*, wie dir einfallen.

Tom mag es nicht, wenn sein Bruder an seine Sachen geht.

344 ★★☆ Erklär mir den Unterschied!

Fynns kleine Schwester Hanne hört im Kindergarten neue Wörter für ein und denselben Gegenstand. Sie fragt Fynn nach den Unterschieden. Antworte für Fynn.

Hanne: Was ist der Unterschied zwischen *Haus* und *Hütte*?
Fynn: Eine Hütte ist ein kleines Haus aus Holz.

a) Hanne: Was ist der Unterschied zwischen *gehen* und *schlendern*?

b) Hanne: Was ist der Unterschied zwischen *Laptop* und *Computer*?

343 So könnte deine Lösung aussehen: Merle kann es **nicht leiden**, wenn ihr Bruder in ihrem Zimmer herumtobt. Tina **hasst** es, wenn ihre kleine Schwester sie verpetzt. Katja **nervt** es, wenn ihr Bruder sie vor ihren Freunden blamiert. Verena **verabscheut** es, wenn ihre Schwester an ihr CD-Regal geht.
344 So könnte deine Lösung aussehen: **a)** Schlendern ist langsamer als gehen.
b) Ein Laptop ist ein tragbarer Computer.

345 ★★★ Von klein nach groß

Bringe die Wörter eines Wortfeldes in eine bestimmte Reihenfolge (z. B. von klein nach groß).

a) Straße, Autobahn, Weg

b) lachen, schmunzeln, lächeln

c) tuckern, rasen, fahren

d) gucken, glotzen, blicken

e) Strom, Fluss, Bach

f) Karre, Limousine, Auto

346 ★★★ Erzähl mal was vom Pferd!

Denke dir möglichst viele Wörter für *Pferd* aus.

345 a) Weg, Straße, Autobahn (Größe); **b)** schmunzeln, lächeln, lachen (Stärke); **c)** tuckern, fahren, rasen (Schnelligkeit); **d)** glotzen, gucken, blicken (Wertigkeit); **e)** Bach, Fluss, Strom (Größe); **f)** Karre, Auto, Limousine (Wertigkeit)
346 So könnte deine Lösung aussehen: Pony, Schimmel, Gaul, Mähre, Klepper, Pferd, Ross, Rappen, Fohlen, …

347 ★☆☆ Welcher Deckel passt aufs Töpfchen?

Entscheide, ob die Aussagen richtig oder falsch sind.

a) Laufen und gehen können dem Oberbegriff bewegen zugeordnet werden.

richtig ○ falsch ○

b) Pauken und büffeln können dem Oberbegriff lernen zugeordnet werden.

richtig ○ falsch ○

c) Bus und Kuchen können dem Oberbegriff Nahrungsmittel zugeordnet werden.

richtig ○ falsch ○

d) sehen und rufen können dem Oberbegriff wahrnehmen zugeordnet werden.

richtig ○ falsch ○

e) sehen und riechen können dem Oberbegriff wahrnehmen zugeordnet werden.

richtig ○ falsch ○

f) schmecken und fühlen können dem Oberbegriff wahrnehmen zugeordnet werden.

richtig ○ falsch ○

348 ★☆☆ In der Küche

Ordne die Oberbegriffe den Unterbegriffen zu.

Oberbegriffe: Gewürze, Tätigkeiten, Besteck, Küchengeräte

a) ______________________________: Messer, Gabel, Löffel

b) ______________________________: Pfeffer, Salz, Oregano

c) ______________________________: Mixer, Rührgerät, Backofen

d) ______________________________: backen, kochen, spülen

347 a) richtig; **b)** richtig; **c)** falsch; **d)** falsch; **e)** richtig; **f)** richtig

348 a) Besteck; **b)** Gewürze; **c)** Küchengeräte; **d)** Tätigkeiten

349 ★☆☆ Was passt am besten?

Kreuze an, was auf alle Gegenstände zutrifft.

a) Regenschirm, Sonnenhut, Sonnenschirm

- Kleidungsstücke
- Wetterschutz
- Sonnenschutz

b) Mineralwasser, Orangensaft, Limonade

- Erfrischungen
- lecker
- Getränke

c) Schiff, Flugzeug, Bus

- Autos
- Transportmittel
- Dampfer

d) Baum, Blume, Busch

- Pflanzen
- Blüten
- Hecken

e) Englisch, Französisch, Mathematik

- Fächer
- Sprachen
- Länder

350 ★☆☆ Alle gehören zusammen

Ordne die Begriffe in die Tabelle ein.

Barsch, Amsel, Elster, Hund, Hai, Pferd, Spatz, Schlange, Krokodil, Kuh, Eidechse, Schaf, Aal, Rochen, Kolibri, Schildkröte

Vögel	Reptilien	Säugetiere	Fische

349 a) Wetterschutz; **b)** Getränke; **c)** Transportmittel; **d)** Pflanzen; **e)** Fächer
350 Vögel: Amsel, Elster, Spatz, Kolibri; **Reptilien:** Schlange, Krokodil, Eidechse, Schildkröte; **Säugetiere:** Hund, Pferd, Kuh, Schaf; **Fische:** Barsch, Hai, Aal, Rochen

351 ★★☆ Einen Oberbegriff finden

Finde für jeden Unterbegriff einen passenden Oberbegriff.

a) Flasche, Tasse, Kanister, Fass sind ______________________.

b) Hose, Jacke, Socken, Hemd sind ______________________.

c) See, Meer, Fluss sind ______________________.

d) Karla, Bert, Carmen sind ______________________.

e) Müller, Meier, Schulz sind ______________________.

f) Handball, Fußball, Volleyball sind ______________________.

g) Masern, Röteln, Lungenentzündung sind ______________________.

h) Jojo, Puppe, Stofftier sind ______________________.

352 ★★☆ Unterbegriffe finden

Finde nun zu jedem Oberbegriff drei passende Unterbegriffe.

a) Zeitmesser

____

b) Städte

____

c) Bäume

____

d) Schreibgeräte

____

351 So könnte deine Lösung aussehen: **a)** Flüssigkeitsbehälter; **b)** Kleidungsstücke; **c)** Gewässer; **d)** Vornamen; **e)** Nachnamen; **f)** Mannschaftssportarten; **g)** Krankheiten; **h)** Spielzeuge

352 So könnte deine Lösung aussehen: **a)** Armbanduhr, Sanduhr, Sonnenuhr; **b)** Berlin, München, Hamburg; **c)** Eiche, Buche, Linde; **d)** Füller, Bleistift, Kugelschreiber

353 ★★☆ Wer sammelt was?

Die Schüler der 6c haben ein gemeinsames Hobby: das Sammeln. Auf dem Schulhof unterhalten sie sich darüber. Da es aber sehr laut ist, geht die Hälfte des Gesprächs im Lärm unter. Weißt du, worüber sie reden?

a) Petra sammelt ______________________. Sie hat schon einen Karokönig, eine Pikdame und einen Kreuzbuben.

b) Andreas sammelt ______________________. Er hat schon zwei Fußbälle, einen Basketball und einen Volleyball.

c) Johannes sammelt ______________________. Er hat schon zwei Teddys und einen Stoffhund.

d) Jeremy sammelt ______________________. Er hat schon drei Trommeln, eine Pauke und zwei Congas.

e) Fred sammelt ______________________. Er hat schon zwei Mountainbikes, ein Geländefahrrad und ein Einrad.

f) Klaus sammelt ______________________. Er hat schon einen LKW und zwei PKW.

354 ★★★ Denk mal …

Ergänze das fehlende Wort.

a) Apfel verhält sich zu Obst wie Kohl zu ______________________.

b) Argentinien verhält sich zu Amerika wie Frankreich zu ______________________.

c) Amsel verhält sich zu Vogel wie Hai zu ______________________.

d) Geige verhält sich zu Streichinstrument wie Trompete zu ______________________.

e) Ulme verhält sich zu Baum wie Tulpe zu ______________________.

353 a) Spielkarten; **b)** Bälle; **c)** Stofftiere; **d)** (Schlag)Instrumente; **e)** Fahrräder; **f)** (Spielzeug)Autos
354 a) Gemüse; **b)** Europa; **c)** Fisch; **d)** Blasinstrument; **e)** Blume

355 ★☆☆ Wo ist der Satz zu Ende?

Markiere das Satzende durch einen Punkt.

Klaus geht heute nicht zur Schule Er liegt krank im Bett Seit gestern Abend hat Klaus Fieber Vielleicht hat er die Grippe, die einige Kinder aus seiner Klasse in der letzten Woche hatten Klaus langweilt sich Wenn man krank ist, kann man weder lesen noch fernsehen, da man Kopfschmerzen hat Klaus schläft viel und hofft, dass er bald wieder gesund ist

356 ★★☆ Viel zu lang

Teile den Text in einzelne Sätze auf.

Benny ist ein Golden Retriever und seit zwei Jahren mein Begleiter ich habe ihn bekommen, als er gerade ein halbes Jahr alt war er hat also noch viele Jahre vor sich, denn die Lebenserwartung eines Golden Retrievers liegt bei etwa fünfzehn Jahren ursprünglich stammen Golden Retriever aus Großbritannien sie sind besonders intelligent und deshalb werden sie als Apportier- oder Jagdhunde verwendet

355 Klaus geht heute nicht zur Schule. Er liegt krank im Bett. Seit gestern Abend hat Klaus Fieber. Vielleicht hat er die Grippe, die einige Kinder aus seiner Klasse in der letzten Woche hatten. Klaus langweilt sich. Wenn man krank ist, kann man weder lesen noch fernsehen, da man Kopfschmerzen hat. Klaus schläft viel und hofft, dass er bald wieder gesund ist.

356 Benny ist ein Golden Retriever und seit zwei Jahren mein Begleiter. Ich habe ihn bekommen, als er gerade ein halbes Jahr alt war. Er hat also noch viele Jahre vor sich, denn die Lebenserwartung eines Golden Retrievers liegt bei etwa fünfzehn Jahren. Ursprünglich stammen Golden Retriever aus Großbritannien. Sie sind besonders intelligent und deshalb werden sie als Apportier- oder Jagdhunde verwendet.

357 ★☆☆ Richtig oder falsch?

Entscheide, ob die Aussagen richtig oder falsch sind.

a) Anführungszeichen werden nur oben gesetzt.

richtig ○ falsch ○

b) Anführungszeichen werden am Anfang unten und am Ende oben gesetzt.

richtig ○ falsch ○

c) Anführungszeichen werden am Anfang oben und am Ende unten gesetzt.

richtig ○ falsch ○

d) Anführungszeichen kennzeichnen die wörtliche Rede.

richtig ○ falsch ○

e) Anführungszeichen verwendet man, wenn man etwas markieren will.

richtig ○ falsch ○

358 ★★☆ Streit unter Geschwistern

In diesem Gespräch fehlen alle Anführungszeichen. Ergänze sie.

Mama , ruft Johannes, Claudia hat meinen Schrank durchwühlt. Claudia brüllt wütend dazwischen: Johannes hat im Badezimmer in meiner Kulturtasche herumgeschnüffelt. Dann schreit Johannes: Und was hat Claudia in meinen Fußballsachen zu suchen? Und wieso versteckt Johannes meine Reitstiefel? , meckert Claudia. Beruhigt euch doch bitte erst einmal, sagt da die Mutter. Ich höre euch sowieso nicht zu, solange ihr schreit und brüllt.

357 a) falsch; **b)** richtig; **c)** falsch; **d)** richtig; **e)** falsch

358 „Mama“, ruft Johannes, „Claudia hat meinen Schrank durchwühlt.“ Claudia brüllt wütend dazwischen: „Johannes hat im Badezimmer in meiner Kulturtasche herumgeschnüffelt.“ Dann schreit Johannes: „Und was hat Claudia in meinen Fußballsachen zu suchen?“ „Und wieso versteckt Johannes meine Reitstiefel?“, meckert Claudia. „Beruhigt euch doch bitte erst einmal“, sagt da die Mutter. „Ich höre euch sowieso nicht zu, solange ihr schreit und brüllt.“

359 ★☆☆ Ich packe meinen Koffer I

Auf Jens' Geburtstagsfeier spielen alle das Spiel *Ich packe meinen Koffer*. Dabei geht es darum, sich alle Gegenstände zu merken, die die Mitspieler in ihre Koffer packen. Wenn man selbst an der Reihe ist, wiederholt man alle Gegenstände und ergänzt einen weiteren. Derjenige, der die Reihenfolge durcheinanderbringt oder einen Gegenstand vergisst, ist raus. Setze die Kommas.

Jens: Ich packe in meinen Koffer: ein Buch.

Karin: Ich packe in meinen Koffer: ein Buch und einen Kamm.

Gerda: Ich packe in meinen Koffer: ein Buch einen Kamm und eine Bürste.

Bert: Ich packe in meinen Koffer: ein Buch einen Kamm eine Bürste und einen Fön.

Anja: Ich packe in meinen Koffer: ein Buch einen Kamm eine Bürste einen Fön und eine Zeitung.

Helge: Ich packe in meinen Koffer: ein Buch einen Kamm eine Bürste einen Fön eine Zeitung und eine Flasche Wasser.

Richard: Ich packe in meinen Koffer: ein Buch einen Kamm eine Bürste einen Fön eine Zeitung und eine Flasche Saft.

Jens Karin Gerda Bert Anja und Helge rufen: „Du bist raus, Richard!"

360 ★★☆ Was packst du in deinen Koffer? II

Packe du nun auch deinen Koffer und achte darauf, dass du die Dinge, die du aufzählst, mit einem Komma voneinander trennst.

____

____

____

____

____

359 Wenn kein **und** zwischen den Gegenständen steht, wird ein Komma gesetzt. Das gilt auch für die Namen im letzten Satz.

361 ★☆☆ Sätze am Stück

Mehrere aufeinanderfolgende Hauptsätze können durch einen Punkt oder durch ein Komma voneinander getrennt werden. Unterstreiche in jeder Zeile den zweiten Hauptsatz.

a) Anja spielt Flöte, Johannes spielt Klavier.

b) Die Kinder werden leiser, der Unterricht beginnt.

c) Ute freut sich auf Weihnachten, Hans mag Ostern lieber.

d) Wiebke kennt sich in Stuttgart nicht aus, sie kommt aus Hamburg.

e) Anna-Maria mag Hunde, sie hat aber trotzdem keinen Hund.

f) Petra macht Hausaufgaben, Pia ist schon damit fertig.

g) Sonja zieht sich warm an, sie geht nach draußen.

h) Jessica liebt Blumen, sie kauft gerade einen Strauß.

i) Marc liest, sein Bruder hört Musik.

362 ★☆☆ Aus eins mach zwei!

Mache aus den beiden Hauptsätzen der Satzreihe zwei einzelne Sätze.

a) Josef geht einkaufen, Sybille deckt den Tisch.

b) Jan spielt Fußball, Torben rudert im Verein.

361 Nach dem Komma beginnt immer der neue Hauptsatz.
362 a) Josef geht einkaufen. Sybille deckt den Tisch. **b)** Jan spielt Fußball. Torben rudert im Verein.

363 ★★☆ Satzschlange

Der folgende Satz besteht aus vielen Sätzen. Finde heraus, wo die einzelnen Sätze enden und schreibe sie auf.

Konstanze schlenderte unachtsam den Gehweg entlang, da stolperte sie auch schon über einen Gegenstand, sie fiel und verletzte sich, der Krankenwagen kam, er brachte sie in das nächstgelegene Krankenhaus, dort wurde sie behandelt.

364 ★★☆ Aus zwei mach eins!

Verbinde die zwei kurzen Sätze zu einem, indem du ein Komma an die richtige Stelle setzt.

a) Kerstin macht Judo. Lars macht Karate.

b) Jenny liest Krimis. Verena mag Liebesgeschichten.

c) Karin macht Pizza. Pat backt einen Kuchen.

363 Konstanze schlenderte unachtsam den Gehweg entlang. Da stolperte sie auch schon über einen Gegenstand. Sie fiel und verletzte sich. Der Krankenwagen kam. Er brachte sie in das nächstgelegene Krankenhaus. Dort wurde sie behandelt.

364 a) Kerstin macht Judo, Lars macht Karate. **b)** Jenny liest Krimis, Verena mag Liebesgeschichten.
c) Karin macht Pizza, Pat backt einen Kuchen.

365 ★☆☆ Was weißt du über den Nebensatz?

Kreuze die richtigen Aussagen an.

a) ○ Nebensätze sind Hauptsätze, die neben anderen Hauptsätzen stehen.

b) ○ Nebensätze werden durch ein Komma vom Hauptsatz abgetrennt.

c) ○ Nebensätze werden durch ein Komma von anderen Nebensätzen abgetrennt.

d) ○ Nebensätze sind unwichtig.

e) ○ Bei Nebensätzen steht das konjugierte Verb am Ende.

f) ○ Nebensätze werden durch einen Punkt vom Hauptsatz abgetrennt.

g) ○ Nebensätze können nicht alleine stehen.

h) ○ Nebensätze sind mit einer Konjunktion mit anderen Sätzen verbunden.

366 ★★☆ Da fehlt was

Ergänze den Hauptsatz um einen Nebensatz.

a) Ina bleibt heute zu Hause, da ______________________________.
(sich krank fühlen)

b) Johanna räumt auf, obwohl ______________________________.
(keine Lust haben)

c) Jennifer kam nach Hause, als ______________________________.
(Gerd: Küche putzen)

d) Julia beeilt sich, damit ______________________________.
(nicht zu spät kommen)

e) Frederik hofft, dass ______________________________.
(das Spiel gewinnen)

f) Alina geht, weil ______________________________.
(die Party nicht gefallen)

365 Richtig sind die Aussagen **b), c), e), g), h).**

366 So könnte deine Lösung aussehen:
a) Ina bleibt heute zu Hause, da sie sich krank fühlt. **b)** Johanna räumt auf, obwohl sie keine Lust hat.
c) Jennifer kam nach Hause, als Gerd die Küche putzte. **d)** Julia beeilt sich, damit sie nicht zu spät kommt.
e) Frederik hofft, dass er das Spiel gewinnt. **f)** Alina geht, weil ihr die Party nicht gefällt.

367 ★★☆ Erkenne den Nebensatz

Unterstreiche den Nebensatz.

a) Im Sommer ist es heiß, sodass viele Menschen ins Schwimmbad gehen.

b) Weil das Wetter so schön ist, gehen viele Menschen ins Schwimmbad.

c) Obwohl es regnet, sind heute viele Menschen draußen.

d) Es regnet, sodass die meisten Menschen nach Hause gehen.

e) Es ist der Regen, der die Menschen nach Hause treibt.

368 ★★☆ Die Verbindung finden

Unterstreiche die Konjunktion, die den Hauptsatz mit dem Nebensatz verbindet.

Thore ruft bei seinem Freund an, weil er mit ihm spielen möchte. Marius bleibt zu Hause, weil er auf einen Anruf wartet. Karla beeilt sich, damit sie den Bus noch bekommt. Anke schreibt, bis ihr die Finger glühen. Meine Schwester will sich ein Schiff kaufen, obwohl sie seekrank ist.

369 ★★☆ Das konjugierte Verb finden

Unterstreiche das konjugierte Verb des Nebensatzes.

(a) Norbert macht sich Sorgen, obwohl er das nicht müsste. **(b)** Sonja lernt, obwohl sie den Stoff längst beherrscht. **(c)** Katja ruft ihren Hund, damit er kommt. **(d)** Christoph spielt Tischtennis, als seine Mutter ihn ruft. **(e)** Hanna geht dort spazieren, wo die Krokusse blühen. **(f)** Berta fand einen seltenen Edelstein, als sie in Nordengland in Urlaub war.

367 a) …, sodass viele Menschen ins Schwimmbad gehen. **b)** Weil das Wetter so schön ist, … **c)** Obwohl es regnet, … **d)** …, sodass die meisten Menschen nach Hause gehen. **e)** …, der die Menschen nach Hause treibt.
368 Thore ruft bei seinem Freund an, weil er mit ihm spielen möchte. Marius bleibt zu Hause, weil er auf einen Anruf wartet. Karla beeilt sich, damit sie den Bus noch bekommt. Anke schreibt, bis ihr die Finger glühen. Meine Schwester will sich ein Schiff kaufen, obwohl sie seekrank ist.
369 (a) müsste. **(b)** beherrscht. **(c)** kommt. **(d)** ruft. **(e)** blühen. **(f)** war.

370 ★★☆ Zerteilt

Zerteile die Sätze, indem du die Kommas an die richtigen Stellen setzt.

Tobias macht keine Hausaufgaben weil er lieber spielen möchte.

Manuel beeilt sich damit er seine Oma besuchen kann.

Rolf führt den Hund spazieren der ihn schon einmal gebissen hat.

Kati lässt sich nicht aus der Ruhe bringen obwohl es schon so spät ist.

Thorsten hofft dass morgen endlich das Paket ankommt.

Christopher spielt Saxophon als es an der Tür klingelt.

Weil das Saxophon so laut ist hört Christopher die Klingel nicht.

371 ★★☆ Eingeflickt

Nicht immer stehen Hauptsatz und Nebensatz nebeneinander. Oft wird der Hauptsatz getrennt und der Nebensatz eingeschoben. Dieser wird dann mit zwei Kommas vom Hauptsatz abgetrennt. Unterstreiche den Nebensatz.

Peter kommt, da es ihm heute zu heiß ist, erst später zur Grillparty.

Anja sieht den Baum, von dem sie letztes Jahr Äpfel geerntet hat, vor ihrem Fenster.

Carina hat, obwohl sie eigentlich keine Zeit hat, die Wohnung geputzt.

Andrea kocht, als ihr Mann nach Hause kommt, gerade eine Suppe.

Josefine ruft, damit es auch ja alle hören, laut aus dem Fenster.

Ralf liebt, obwohl er fast taub ist, noch immer die Musik.

370 Tobias macht keine Hausaufgaben, weil er lieber spielen möchte. Manuel beeilt sich, damit er seine Oma besuchen kann. Rolf führt den Hund spazieren, der ihn schon einmal gebissen hat. Kati lässt sich nicht aus der Ruhe bringen, obwohl es schon so spät ist. Thorsten hofft, dass morgen endlich das Paket ankommt. Christopher spielt Saxophon, als es an der Tür klingelt. Weil das Saxophon so laut ist, hört Christopher die Klingel nicht.

371 Peter kommt, da es ihm heute zu heiß ist, erst später zur Grillparty. Anja sieht den Baum, von dem sie letztes Jahr Äpfel geerntet hat, vor ihrem Fenster. Carina hat, obwohl sie eigentlich keine Zeit hat, die Wohnung geputzt. Andrea kocht, als ihr Mann nach Hause kommt, gerade eine Suppe. Josefine ruft, damit es auch ja alle hören, laut aus dem Fenster. Ralf liebt, obwohl er fast taub ist, noch immer die Musik.

372 ★★☆ Hauptsatz, Nebensatz

Bilde aus den vorgegebenen Satzfetzen zwei Sätze nach dem Muster *Hauptsatz, Nebensatz*.

obwohl/Kerstin geht ins Training/Anna beeilt sich/weil/sie keine Lust hat/es regnet

373 ★★☆ Nebensatz, Hauptsatz

Bilde aus den vorgegebenen Satzfetzen zwei Sätze nach dem Muster *Nebensatz, Hauptsatz*.

Karsten wünscht sich neue Fußballschuhe/da/in einer Band spielen will/weil/seine alten zu klein sind/Kai lernt Schlagzeug

374 ★★★ Hauptsatz, Nebensatz, Hauptsatz

Bilde aus den vorgegebenen Satzfetzen zwei Sätze nach dem Muster *Hauptsatz, Nebensatz, Hauptsatz*.

Paul/kann/er ihr bei den Hausaufgaben hilft/Tina ruft/damit/Jens an/gut Skateboard fahren/obwohl er wenig übt

372 Kerstin geht ins Training, obwohl sie keine Lust hat. Anna beeilt sich, weil es regnet.

373 Weil seine alten zu klein sind, wünscht sich Karsten neue Fußballschuhe. Da er in einer Band spielen will, lernt Kai Schlagzeug.

374 Paul kann, obwohl er wenig übt, gut Skateboard fahren. Tina ruft, damit er ihr bei den Hausaufgaben hilft, Jens an.

375 ★★★ Mit Punkt, aber ohne Komma

Setze die Kommas.

Laura macht Ferien auf dem Bauernhof denn Laura mag die frische Landluft die Tiere und die Arbeit im Stall. Laura geht obwohl es dort nicht besonders gut riecht gerne zu den Kühen. Sie hält sich dort ganz besonders gerne auf wenn die Kühe Kälbchen haben. Manche Kälbchen lassen sich sogar streicheln damit sie Laura die Hand abschlecken können. Nachdem die Arbeit im Stall getan ist macht Laura ausgiebige Spaziergänge. Wenn sie die Wege entlanggeht kann sie oft brütende Vögel sehen die aber scheu davonfliegen. Ein Tag auf dem Bauernhof ist aber auch anstrengend sodass Laura abends müde ins Bett fällt. Sie freut sich aber auf den nächsten Tag da es auf einem Bauernhof nie langweilig wird. Damit Laura im nächsten Jahr wieder Ferien auf dem Bauernhof machen kann fängt sie jetzt schon an zu sparen. Sie hofft dass sie auch noch Geld von ihren Großeltern für die nächsten Ferien bekommt.

376 ★★★ Zukunftspläne

Lass dir den folgenden Text von jemandem diktieren.

Ralf, Tobias, Christiane und Linda gehen gemeinsam in eine Klasse. Sie erzählen sich, was sie später werden wollen und was sie jetzt schon dafür tun. Damit er später Polizist werden kann, übt sich Ralf jetzt schon im Lesen von Fingerabdrücken. Tobias hingegen zählt regelmäßig sein Taschengeld, damit er später ein guter Bankkaufmann wird. Christiane möchte Kraftfahrzeugmechanikerin werden, sodass sie sich sehr für Autos interessiert. Linda, die schon immer sehr kreativ war, möchte Malerin werden. Weil es so schön ist, sich die Zukunft vorzustellen, träumen alle Kinder noch ein bisschen weiter.

375 Laura macht Ferien auf dem Bauernhof, denn Laura mag die frische Landluft, die Tiere und die Arbeit im Stall. Laura geht, obwohl es dort nicht besonders gut riecht, gerne zu den Kühen. Sie hält sich dort ganz besonders gerne auf, wenn die Kühe Kälbchen haben. Manche Kälbchen lassen sich sogar streicheln, damit sie Laura die Hand abschlecken können. Nachdem die Arbeit im Stall getan ist, macht Laura ausgiebige Spaziergänge. Wenn sie die Wege entlanggeht, kann sie oft brütende Vögel sehen, die aber scheu davonfliegen. Ein Tag auf dem Bauernhof ist aber auch anstrengend, sodass Laura abends müde ins Bett fällt. Sie freut sich aber auf den nächsten Tag, da es auf einem Bauernhof nie langweilig wird. Damit Laura im nächsten Jahr wieder Ferien auf dem Bauernhof machen kann, fängt sie jetzt schon an zu sparen. Sie hofft, dass sie auch noch Geld von ihren Großeltern für die nächsten Ferien bekommt.

377 ★★☆ Der Umzug

Ergänze die Lücken im Text mit einer passenden Apposition.

Unser Nachbar, *ein kleiner, freundlicher Mann*, begrüßte mich.

a) Der Umzugswagen, ______________________________,
stand den ganzen Nachmittag vor der Haustür.

b) Die Umzugshelfer, ______________________________,
arbeiteten den ganzen Tag.

c) Olaf, ______________________________, half auch beim
Umzug mit.

d) Die Schillerschule, ______________________________, ist
zum Glück nur wenige Fußminuten entfernt.

378 ★★☆ Der Komma-Trick

Partizipgruppen kann man mit einem Komma vom Rest des Satzes abtrennen, damit man den Satz besser versteht. Setze bei jedem Satz zwei Kommas.

Stefan lief, freudig singend, die Straße entlang.

a) Carsten vor Schreck erstarrt wagte, sich wieder zu bewegen.

b) Antonia vor Leben sprühend begeisterte alle.

c) Die Zuschauer vor Begeisterung jubelnd applaudieren immer noch.

d) Emma vor Eifersucht rasend machte Alexander Vorwürfe.

e) Otto vor Müdigkeit gähnend entschloss sich, ins Bett zu gehen.

f) Torsten vor Freude lachend umarmte Falk.

377 So könnte deine Lösung aussehen: **a)** ein gelber LKW; **b)** drei Männer der Umzugsfirma; **c)** ein Freund meines Vaters; **d)** meine neue Schule

378 a) Carsten, vor Schreck erstarrt, wagte, sich wieder zu bewegen. **b)** Antonia, vor Leben sprühend, begeisterte alle. **c)** Die Zuschauer, vor Begeisterung jubelnd, applaudieren immer noch. **d)** Emma, vor Eifersucht rasend, machte Alexander Vorwürfe. **e)** Otto, vor Müdigkeit gähnend, entschloss sich, ins Bett zu gehen. **f)** Torsten, vor Freude lachend, umarmte Falk.

379 ★☆☆ Anreden und Ausrufe

(a) „Du, sag mal ...“
Anreden trennt man mit einem Komma vom Rest des Satzes ab.
Setze die fehlenden Kommas in folgenden Sätzen.

- Sehr geehrter Herr Müller

  ich freue mich sehr, mit Ihnen Geschäfte zu machen.

- Heike kannst du bitte mal kommen?

- Lieber Horst

  endlich habe ich Zeit, dir zu schreiben.

(b) „Ach, ist das schön!“
Das Komma steht auch bei Ausrufen. Setze auch hier die fehlenden Kommas.

Ach das ist aber schön.

Oh da bin ich aber erstaunt.

Ah tut das weh!

Igitt ist das eklig!

380 ★☆☆ Letzte Worte

Wo fehlt das Komma?

Wenn ein Buch zu Ende geht

und ein letztes Wort dort steht,

setze ich ein Komma noch.

Ach was hab gelernt ich doch!

379 (a) - Sehr geehrter Herr Müller, ich freue mich sehr, mit Ihnen Geschäfte zu machen.
- Heike, kannst du bitte mal kommen?
- Lieber Horst, endlich habe ich Zeit, dir zu schreiben.

(b) Ach, das ist aber schön. Oh, da bin ich aber erstaunt. Ah, tut das weh! Igitt, ist das eklig!

380 Das Komma fehlt hinter dem **Ach**.